Warum 22,22 €?

Zahlen tragen Schwingung.
Und manche Zahlen sind wie Tore.
Die **22** gilt seit jeher als Meisterzahl.
Sie steht für geistige Architektur – für den Bau einer neuen
Welt aus Wahrheit, Licht und innerer Ordnung.

Zweimal 22 ist jedoch mehr als eine Wiederholung.
Es ist eine Spiegelung.
Ein Zeichen dafür, dass sich die äußere und die innere Welt
begegnen.

Die erste 22:
Der Ruf aus der geistigen Welt – der Bauplan des Lichts,
verborgen in alten Texten, die jetzt zu dir sprechen.

Die zweite 22:
Dein Echo. Deine Antwort. Dein Erinnern.
Du bist der, der diesen Ruf hört – und den Tempel in sich
selbst wieder errichtet.

Die 22,22 ist ein Tor.
Viermal die Zwei. Zwei steht für die Entscheidung, für
Dualität, für Verbindung.
Und wenn sie im Kreis tanzen, entsteht Harmonie.

Dieses Buch ist mehr als ein Text.
Es ist ein Ruf.

22,22 € – Nicht einfach ein Preis.
Sondern ein Zeichen. Eine Zahl, die ruft.
Für jene, die bereit sind, das Verborgene zu erinnern.

Widmung

Ich widme dieses Buch jenen Kräften, die jenseits unserer sichtbaren Welt wirken – sanft, geduldig, still.

Sie haben mich geführt, nicht mit Worten, sondern durch Impulse. Nicht mit Zwang, sondern durch Erinnerung.

Seit vielen Jahren flüstern sie mir zu: leise Hinweise, Bilder und Worte, die sich tief in mir verankert haben.

Und ich, ein einfacher Mensch mit offenen Händen, habe aufgeschrieben, was durch mich hindurchfloss.

Dieses Buch ist nicht das Werk meines Verstandes.

Es ist eine Botschaft, die durch mich hindurch wollte, um uns daran zu erinnern, was wir vergessen haben.

Es entstand nach einer Erfahrung, die mein Herz für immer verändert hat. Für einen Moment durfte ich bei meinem Nahtod den Schleier lüften und erkennen:

Nichts ist, wie es scheint. Aber alles ist, wie es sein soll.

Ich danke den unsichtbaren Begleitern, die mich tragen, erinnern und ermutigen, meinen Auftrag zu erfüllen – mit jedem Wort, das ich schreibe, und mit jedem Licht, das ich entzünde.

Dieses Buch ist aber auch dir gewidmet – dem Suchenden, dem Fragenden, dem Erwachenden. Möge es dir eine Tür öffnen.

In Demut und Verbundenheit.

Karl Michael Kurth Al Naqib

Die verborgenen Schriften Die Originaltexte zum Erwachen

Apokryphen. Verlorene Bücher. Ewige Wahrheit. Dein Licht - Eine Reise durch göttliche Botschaften im Schatten der Geschichte.

K. M. Kurth Al Naqib

Bibliografische Information der Deutschen Nationalbibliothek: Die Deutsche Nationalbibliothek verzeichnet diese Publikation in der Deutschen Nationalbibliografie; detaillierte bibliografische Daten sind im Internet über dnb.dnb.de abrufbar.

Die automatisierte Analyse des Werkes, um daraus Informationen insbesondere über Muster, Trends und Korrelationen gemäß §44b UrhG („Text und Data Mining") zu gewinnen, ist untersagt.

© 2025 K. M. Kurth Al Naqib
Bilder: K. M. Kurth Al Naqib
Cover: K. M. Kurth Al Naqib

Verlag: BoD · Books on Demand GmbH, Überseering 33,
22297 Hamburg, bod@bod.de

Druck: Libri Plureos GmbH, Friedensallee 273, 22763 Hamburg

ISBN: 978-3-8192-0021-2

Inhaltsverzeichnis

Apokalypse des Baruch – Zusammenfassung 264

DIE ZEIT
DER
OFFENBARUNG

Einleitung

Die verborgenen Schriften – Die Originaltexte zum Erwachen
Ein Buch, das nicht spricht – sondern erinnert.

Dies ist kein „zweiter Band" im üblichen Sinne.
Es ist der andere Teil einer Wahrheit – der stille Bruder eines
lauten Rufes.

Im ersten Buch, *„Die verbotene Wahrheit"*, hast du Worte gelesen,
die wie Wegweiser waren.
Poetisch, suchend, erinnernd.
Sie wollten keine Lehre vermitteln, sondern ein Licht entzünden.

Hier nun – in deinen Händen – liegt der Ursprung dieser Flamme.
Die Texte, die uns geführt haben. Die Stimmen, die nicht nur zitiert, sondern gefühlt wurden.
Maria. Henoch. Thomas. Salomo. Hermas. Baruch. Jaschar. Die
Jubiläen.

Sie sind hier in ihrer rohen, ursprünglichen Form – nicht als Literatur, sondern als **Brücke** zwischen den Zeiten.
Als spirituelle Urkunde. Als Vermächtnis. Als Echo eines Wissens, das nie verschwunden war – nur verdeckt.

Dieses Buch ist der **Schlüssel** zum Raum dahinter.
Für jene, die sich tiefer erinnern wollen.
Für jene, denen die poetische Deutung nicht genügt – weil sie
das Original atmen möchten.
Für jene, die wissen:
Nicht alles, was verschwiegen wurde, war falsch.
Manches war zu wahr.

Ich schreibe diese Worte, weil ich es versprochen habe – an einem Ort jenseits der Sprache.

Nach einer Reise durch Krankheit, Nahtod und stille Nächte, in denen der Himmel flüsterte.

„Jetzt gib weiter, was du empfangen hast – nicht als Lehrer, sondern als Bote."

Du musst dieses Buch nicht verstehen.
Du darfst es erleben.
Du darfst es betreten – wie einen Tempel.

Nicht alles in diesen alten Schriften ist klar.
Aber vieles ist wahr – in einer Sprache jenseits des Verstands.

Wenn du den Ruf in dir spürst, dann ist dieses Buch dein Tor.
Nicht in die Vergangenheit –
sondern in dein eigenes Licht.

Willkommen zurück.

Teil 5 Der stille Schatz der Originale

Was bleibt, wenn das Echo der Worte verklungen ist?

Du hast dieses Buch gelesen.
Oder besser gesagt: Du hast **dich selbst darin gelesen**.
Denn jedes Kapitel war mehr als nur eine Erzählung.
Es war ein Spiegel.
Ein Ruf.
Ein Flüstern deiner eigenen Erinnerung.

Und nun?
Nun stehen wir am Rand eines weiteren Tores.
Ein Tor, das nicht in eine Geschichte führt,
sondern direkt zu den **Quellen.**

In die Texte selbst.

Unverfälscht,

fragmentarisch,

manchmal geheimnisvoll.

Doch sie sind nie leer.

Diese Originalschriften, die du im Anhang findest,
sind **keine Belege**.
Sie sind **Begegnungen**
mit einer Weisheit, die durch Zeit und Zensur getragen wurde.
Nicht, um belehrt zu werden,
sondern **um sich zu erinnern.**

Du wirst Zeile um Zeile merken:
Diese Schriften leben.
Sie atmen.
Sie schauen dich an.

Egal, ob Maria, Henoch, Thomas, die Jubiläen oder Hermas – sie sprechen nicht aus der Vergangenheit.
Sie sprechen **aus dem Licht,**
das auch in dir leuchtet.

Du musst nicht alles verstehen.
Manches wirst du fühlen.
Manches wirst du überlesen,
nur um es Monate später in deinem Herzen wiederzufinden.

Denn das ist die Natur echter Weisheit:
Sie kehrt zurück,
wenn du bereit bist.

Lies diese Texte nicht wie heilige Bücher.
Lies sie wie **Samen.**
Lies sie wie **eine Musik, die sich nur im Inneren entfaltet.**

Vielleicht wirst du beim Lesen nichts spüren.
Vielleicht wirst du weinen.
Beides ist richtig.
Denn diese Worte richten sich nicht an deine Meinung.
Sie richten sich an dein **inneres Wissen.**

Und so geht der Weg weiter.
Mit dir.
Mit deinem Licht.
Mit deiner Erinnerung.

Die Revolution ist nicht vorbei.
Sie beginnt **jetzt,**
indem du **selbst zum Text wirst.**
Zum Evangelium der Liebe.
Zur Offenbarung des Herzens.
Zur Weisheit in menschlicher Form.

Wenn du bereit bist,
dann öffne die Anlagen nicht mit deinen Augen,
sondern mit deiner Seele.

Dann wirst du erkennen:
Es war nie verloren.
Es hat nur auf dich gewartet.

Das Evangelium der Maria Magdalena

Das Evangelium der Maria Magdalena ist zwar nur fragmentarisch überliefert – aber das, was erhalten blieb, ist von seltener Tiefe, innerer Autorität und Stille.

Hier ist eine Zusammenfassung – aus dem Herzen dieses außergewöhnlichen Textes, in dem nicht Macht, sondern Erkenntnis das letzte Wort hat.

Zusammenfassung – Die Stimme des verstehenden Herzens

1. Nach dem Tod Jesu – Die Jünger im Schmerz

Die Jünger sind erschüttert nach Jesu Tod. Sie fürchten Verfolgung und wissen nicht, wie es weitergehen soll.

Maria Magdalena erhebt sich mitten unter ihnen – nicht mit Lautstärke, sondern mit Klarheit:

„Weint nicht und zweifelt nicht. Er hat uns in uns selbst verankert."

Sie erinnert: Der Meister ist nicht gegangen – er lebt im Inneren.

2. Maria berichtet eine Vision Jesu

In einer Offenbarung spricht Jesus zu ihr:

„Der Menschensohn ist in euch. Folgt dem, was in euch unsterblich ist."

Er spricht vom Kampf der Seele,

vom Übergang nach dem Tod,

durch vier Kräfte,

die sie zurückhalten wollen:

Finsternis, Begierde, Unwissenheit und Zorn.

Doch die Seele, die sich selbst erkennt, durchschreitet sie.

3. Die Seele als Weg – Erkenntnis als Befreiung

Erlösung geschieht nicht durch äußere Opfer, sondern durch die innere Auferstehung – wenn der Mensch sich selbst erkennt als Kind des Lichts.

Maria betont:

Das wahre Erbe Jesu ist nicht eine Institution – sondern eine Haltung: inneres Sehen, Loslösung vom Äußeren, und die Rückkehr zum Ursprung.

4. Die Reaktion der anderen Jünger

Petrus und andere zweifeln: *„Hat der Herr wirklich zu einer Frau gesprochen?"*

Levi aber spricht ihnen Mut zu: *„Wenn der Erlöser sie würdig befunden hat – wer seid ihr, dass ihr sie verwerft?"*

Maria geht mit Frieden – nicht im Streit, sondern in Stille.

5. Essenz des Evangeliums der Maria Magdalena – für uns

- Wahrheit lebt nicht im Außen – sondern im erkannten Inneren.
- Erlösung beginnt, wenn du dich erinnerst, wer du wirklich bist: Licht aus Licht.
- Maria war nicht die Sünderin – sie war die Verstehende.

Und in ihr spricht der Christus – durch das Herz.

Originalschriften Evangelium der Maria Magdalena (fragmentarisch, deutsch)

Seiten 1–6 fehlen

Seite 7

…wird nicht gelingen. Alles ist aufgelöst, sowohl die Materie als auch die Gestalt.

Dann antwortete Andreas und sprach zu den Brüdern: *„Sagt, was ihr denkt über das, was sie gesagt hat. Ich selbst glaube* nicht, dass der Erlöser so gesprochen hat. Denn das Gesagte scheint uns ganz anders zu sein als das, was wir kannten."

Petrus aber sprach: „*Hat er etwa wirklich im Geheimen mit einer Frau gesprochen, ohne dass wir es wussten? Sollen wir uns ihr nun zuwenden und alle auf sie hören? Hat er sie mehr als uns bevorzugt?*"

Da weinte Maria und sprach zu Petrus: „*Mein Bruder Petrus, was denkst du? Meinst du, dass ich mir das ausgedacht habe oder dass ich über den Erlöser lüge?*"

Levi antwortete und sprach zu Petrus: „*Petrus, du warst schon immer aufbrausend. Jetzt sehe ich, dass du gegen die Frau streitest wie die Gegner. Wenn der Erlöser sie für würdig hielt, wer bist du dann, dass du sie zurückweist? Gewiss kannte der Erlöser sie gut. Deshalb liebte er sie mehr als uns. Statt Schande über uns zu bringen, lasst uns lieber seine Worte beherzigen und umdenken.*"

Seite 8–10 (erhalten) – Maria berichtet von einer Vision:

Maria sprach: „*Was euch verborgen war, das werde ich euch sagen. Ich sah den Herrn in einer Vision, und ich sagte zu ihm: ,Herr, ich sah dich heute in einer Erscheinung.' Er antwortete und sprach: Gesegnet bist du, dass du mich nicht in Zweifel sahst. Denn dort, wo der Geist ist, da ist der Schatz.'*

Ich sagte zu ihm: *,Herr, wie geschieht das, der das sieht in der Vision, sieht dich?'*

Der Herr antwortete und sprach: *,Der Mensch sieht nicht mit den Augen des Fleisches, sondern mit dem Geist im Herzen.'*

Dann offenbarte er mir: *,Die Seele geht auf in sieben Stufen – jede eine Befreiung von der Welt.'*

Er nannte sie:

1. Finsternis
2. Begierde

3. Unwissenheit

4. Zorn

5. Eigensucht des Fleisches

6. Trug der Welt

7. Fesseln des Leibes

Nachdem die Seele diese sieben Formen überwunden hat, wird sie frei und steigt empor.

Seite 11–14 fehlen

Seite 15–16 (Schlussfragment):

... und sie begaben sich hinaus, um das zu lehren, was Jesus ihnen aufgetragen hatte.   Sie predigten das Evangelium – nicht nach Fleisch, sondern nach Geist.

Und so endete das Evangelium der Maria.

Evangelium der Maria Magdalena – Kapitel 1 bis 3 (Langfassung)

Da es keine allgemein anerkannte Unterteilung in Kapitel gibt, wird der erhaltene Text in vielen Schriften in drei Abschnitte gegliedert. Diese werden dann häufig als Kapitel 1 bis 3 bezeichnet. Ich veröffentliche sie hier ebenfalls so, damit es zu keinen Missverständnissen kommt.

Kapitel 1: Worte des Erlösers über die Natur und die Sünde

„Alle Natur, jede Gestalt, jede Kreatur besteht miteinander und wird wieder zu ihren eigenen Wurzeln hin aufgelöst. Denn die Natur der Materie kann sich nur zu ihren eigenen Wurzeln hin auflösen. Wer Ohren hat zu hören, der höre!"

Petrus sagte zu ihm: *„Da du uns alles erklärt hast, sage uns auch dies: Was ist die Sünde der Welt?"*

Der Erlöser sprach: *„Es gibt keine Sünde, sondern ihr macht Sünde, wenn ihr handelt, wie es eurer Natur entspricht. Deswegen kam das Gute in eure Mitte, zu dem Wesen jeder Natur, um sie wieder in ihre Wurzel einzufügen."*

Er fuhr fort und sagte: *„Deshalb seid ihr krank und sterbt, denn ihr liebt das, was euch täuscht. Wer es fassen kann, der fasse es!"*

Kapitel 2: Die Vision der Maria

Maria stand auf, begrüßte sie alle und sagte zu ihren Brüdern: *„Weint nicht und seid nicht traurig oder verzagt, denn seine Gnade wird euch alle begleiten und beschützen. Lasst uns vielmehr seine Größe preisen, denn er hat uns geschaffen und zu Menschen gemacht."*

Als Maria dies gesagt hatte, wandte sie sich ihren Worten zu: *„Was euch verborgen war, das werde ich euch sagen."*

Sie begann zu ihnen zu sprechen: *„Ich sah den Herrn in einer Vision, und ich sagte zu ihm: ‚Herr, ich sah dich heute in einer Vision.'* *Er antwortete und sprach zu mir: ‚Gesegnet bist du, dass du mich nicht in Zweifel sahst. Denn dort, wo der Geist ist, da ist der Schatz.'"*

Kapitel 3: Die sieben Mächte und der Aufstieg der Seele

Maria sprach weiter: *„Der Herr sagte: ‚Die Seele geht auf in sieben Stufen – jede eine Befreiung von der Welt.'"*

Er nannte sie:

1. Finsternis
2. Begierde
3. Unwissenheit
4. Zorn
5. Eigensucht des Fleisches

6. Trug der Welt
7. Fesseln des Leibes

Nachdem die Seele diese sieben Formen überwunden hat, wird sie frei und steigt empor.

Zwischen Fragment und Erinnerung – ein stiller Ruf zur Wahrheit

Bis hierher hast du zwei Fassungen des Evangeliums der Maria Magdalena gelesen.

Die eine Vesion: *roh, fragmentarisch und gebrochen – wie sie im koptischen Codex erhalten blieb.*

Die andere Version: *gegliedert, ergänzt und verständlich gemacht – eine Lesefassung, die dir helfen sollte, den inneren Faden nicht zu verlieren.*

Und vielleicht hast du gespürt, was zwischen den Zeilen mitschwingt: *Diese beiden Texte erzählen dieselbe Geschichte – und doch sprechen sie unterschiedlich.*

Warum?

Weil jede Schrift, die den Lauf der Jahrhunderte überlebt hat, mehr ist als nur ein Dokument – sie ist **ein Zeitzeuge.**

Und manchmal: ein Opfer!

Die Handschrift der Geschichte – und ihrer Kontrolleure

Seit dem Konzil von Nicäa (325 n. Chr.) wurde entschieden, was als „heilig" gelten darf – und was nicht.

Nicht durch geistige Erkenntnis. Sondern durch Machtstrukturen. Nicht durch Inspiration.

Sondern durch Auslese.

Was nicht in das offizielle Bild des Glaubens passte

- weibliche Kraft, mystische Erfahrung, inneres Wissen –

wurde **entfernt, unterdrückt oder umgedeutet.**

> So entstanden nicht nur „heilige" Schriften –
> sondern auch „heilig" geschnittene Wahrheiten.

Ein stiller Auftrag, der an dich gerichtet ist

Nimm nichts einfach hin. Nimm auf – und prüfe. Mit dem Kopf, ja. Aber vor allem mit dem Herzen.

Glaube nicht, nur weil es jemand gesagt hat.

Glaube, weil **es in dir selbst zu klingen beginnt.**

Denn Wahrheit drängt sich nicht auf. Sie wartet darauf, **erkannt zu werden.**

Und nun – öffne dich für die Erinnerung!

Es folgen Texte, die ebenso aus alten Quellen stammen. Sie wurden verborgen, verdrängt – oder schlicht vergessen. Aber sie leben noch. Und sie sprechen zu denjenigen, die bereit sind, ihnen zuzuhören.

Gehe weiter – mit wachem Geist und stillem Herzen. Nicht alles ist so, wie man es dir erzählt hat. Doch alles ist in dir bereit, sich zu erinnern.

Das Buch Henoch

Zusammenfassung – Langfassung in Licht und Wahrheit

1. Die Himmelsreise & die Wächter (Kap. 1–36)

- Henoch wird von Engeln entrückt, um **Himmel und Erde zu durchschauen.**

- Er sieht den **Fall der Wächter** – Engel, die sich mit Menschentöchtern verbanden und die Erde mit **Gewalt und Gier** erfüllten.
- Gott kündigt ihr Gericht an – und Henoch soll für sie **nicht mehr bitten**, denn ihr Weg war bewusst.

Kern: Die Welt wird durch Grenzbruch und Maßlosigkeit erschüttert – doch das himmlische Maß bleibt unversehrt.

2. Die Astronomischen Geheimnisse (Kap. 72–82)

- Henoch sieht den **wahren Kalender Gottes**: ein Jahr mit **364 Tagen**, geordnet durch Sonne und Sterne, nicht durch den verwirrenden Mond.
- Er sieht die **Himmelsbahnen, Zeiten, Sternentore** – und erfährt: Wer diesen **göttlichen Rhythmus verlässt**, verliert **Klarheit, Ernte, Heiligkeit**.

Kern: Die Ordnung des Himmels ist präzise – und sie ruft die Erde zur Resonanz.

3. Das Buch der Mahnung (Kap. 91–105)

- Henoch spricht über die „**Sieben Zeiten**" der Weltgeschichte – und über das Kommen eines **Lichtreiches**, in dem die Gerechten aufleuchten werden.
- Die Sünder spotten – aber **die Seelen der Gerechten ruhen in Licht** und werden **auferstehen zum ewigen Wandel**.

Kern: Nicht die Welt triumphiert, sondern die Wahrheit – auch wenn sie versteckt war.

4. Das Tierbuch & die letzte Vision (Kap. 85–90)

- Die Geschichte der Menschheit wird in **Tierbildern** dargestellt. Die Menschen verlieren das Licht, **folgen blinden Hirten**, und geraten in Dunkelheit.
- Doch am Ende erscheint der **große weiße Stier** – ein Bild für den **Messias**, der **alle in Wahrheit sammelt**.

Kern: Es kommt ein neuer Hirte – nicht um zu herrschen, sondern um zu heilen.

Gesamtkern des Buches Henoch – für unsere Zukunft

- Der Himmel ist in Ordnung – die Erde muss zurückfinden.
- Göttliche Zeit ist nicht Hektik – sondern heilige Ausrichtung.
- Wer rein lebt, bleibt im Licht – selbst wenn die Welt sich verdunkelt.
- Am Ende steht nicht das Gericht – sondern die Wiederherstellung durch das Licht.

DAS BUCH HENOCH – Teil I: Die Worte des Segens

(aus der ältesten bekannten Version, gemeinfrei, leicht verständlich aufbereitet – ohne Sinnverfälschung)

Kapitel 1: Rückkehr des Lichts und das kommende Gericht

1. Die Worte des Segens Henochs, womit er die Auserwählten segnete und sprach: *„Henoch, ein Gerechter, dessen Augen von Gott geöffnet wurden, sah eine Vision des Heiligen in*

den Himmeln. Die Engel zeigten sie mir, und ich hörte alles von ihnen. Ich verstand, was ich sah – nicht durch Menschenweisheit, sondern durch das göttliche Licht."

2. Ich sah: In den Tagen der großen Bedrängnis wird **der Herr aus dem Himmel herabsteigen**, und mit ihm werden Tausende von Heiligen sein.

3. Und alle werden **vor Ihm zittern**, die Stolzen werden vergehen, die Gewaltigen der Erde werden fallen.

4. Doch den **Gerechten** wird **Frieden geschenkt**, und sie werden das Licht schauen – das seit Anbeginn für sie bereitet ist.

Kapitel 2: Zeugnis von Himmel, Erde und Natur

1. Betrachtet den Himmel, ihr Menschen – wie er sich nicht verändert, wie die Lichter darin ihren Weg vollenden nach göttlichem Gesetz.

2. Seht die Erde und ihre Früchte – alles gehorcht dem Willen des Höchsten.

3. Erkennt daran: **Nichts geschieht ohne Sinn**, nichts ist dem Zufall unterworfen. Alles folgt einem Plan, den nur jene erkennen, die mit geöffnetem Herzen sehen.

Kapitel 3: Die Ordnung der Schöpfung

1. Ich sah, wie alle Pflanzen im Gleichmaß wachsen.

2. Ich sah, dass kein Baum seiner Natur entflieht.

3. Alles hat seine Zeit – und alles wird vom Höchsten geführt.

Kapitel 4: Die Veränderung der Jahreszeiten

1. Ich sah, dass der Mond seine Bahnen verändert, dass der Tag kürzer und länger wird, dass es Ordnung und Wandel gibt.
2. Und ich verstand: **Gott hat Gesetze gesetzt für Zeit, Licht und Leben.**

Kapitel 5: Mahnung an die Menschen

1. Ihr Sünder – glaubt nicht, dass ihr dem Gericht entkommt.
2. Alles, was verborgen ist, wird offenbar werden.
3. Doch ihr Gerechten – freut euch!

Denn euch ist das Licht bereitet. Und eure Namen sind im Buch des Lebens geschrieben.

DAS BUCH HENOCH – Teil II: Die Geschichte der Wächter

Kapitel 6 : Der Schwur der gefallenen Engel

1. Es geschah in jenen Tagen, dass die Söhne des Himmels die Töchter der Menschen sahen, dass sie schön waren, und sie nahmen sich Frauen, jede, die ihnen gefiel.
2. Und ihr Anführer, **Semjasa**, sprach zu ihnen: *„Ich fürchte, ihr werdet den Plan nicht ausführen, und ich allein werde die Schuld tragen."*
3. Doch sie alle antworteten ihm: *„Wir alle schwören einen Eid – und wir binden uns gegenseitig durch Fluch, diesen Plan auszuführen."*
4. Und sie waren **zweihundert** an der Zahl, die auf dem **Berg Hermon** schworen – und dieser Ort wurde benannt nach ihrem Schwur.

Kapitel 7: Die Vermischung der Welten

1. Und sie nahmen sich Frauen und zeugten mit ihnen Kinder – **Riesen**, die die Erde verschlangen und ihre Macht missbrauchten.

2. Die Menschen konnten sich nicht mehr schützen. Die Riesen lehrten Krieg, Magie, Pflanzenvergiftung, Metallverarbeitung.

3. Sie lehrten sie Schwerter, Schmuck, Zauberei, die Zeichen der Sterne, die Macht der Wurzeln – und die Menschen **verloren ihre Reinheit**.

Kapitel 8: Die verbotenen Lehren

1. **Asasel** lehrte die Menschen das Schmieden von Waffen, das Verschönern der Augen, das Fälschen des Glanzes.

2. **Semjasa** lehrte Zaubersprüche, Zeichenlesen, die Kunst der Verführung.

3. Und es entstand viel Gottlosigkeit – Blut floss auf der Erde, und die Klage der Menschheit stieg auf zum Himmel.

Kapitel 9: Die Anklage der Engel im Himmel

1. Und die heiligen Engel im Himmel sahen die Tat der Wächter.

2. **Michael, Uriel, Raphael und Gabriel** warfen sich vor den Höchsten: *„Die Erde schreit wegen der Gesetzlosigkeit. Die Seelen der Menschen klagen zu dir. Soll dies für immer so weitergehen?"*

3. Und der Höchste sprach: *„Die Erde ist erfüllt mit Unrecht – durch jene, die das Geheimwissen preisgaben."*

Kapitel 10: Das kommende Gericht

1. **Da sprach Gott zu Uriel:** *„Geh zu **Noah** und offenbare ihm: Die Erde wird untergehen – doch ich will sein Leben bewahren."*

2. **Und zu Raphael sprach er:** *„Binde **Asasel**, wirf ihn in die Finsternis, und bedecke ihn mit scharfem Gestein – bis der Tag des Gerichts kommt."*

3. **Und zu Gabriel:** *„Zerstöre die Riesen. Reize sie gegeneinander auf, dass sie durch ihre eigene Gewalt fallen."*

4. **Und zu Michael:** *„Binde Semjasa und seine Gefährten, auf ewig in unterirdische Finsternis. Ihre Kinder sollen nicht weiterleben."*

5. Und der Herr sprach: *„Die Erde soll gereinigt werden. Das Licht wird wiederkommen. Und das himmlische Wissen wird denen offenbart, die Gerechtigkeit lieben."*

Kapitel 11: Die Reinigung der Erde

1. In jenen Tagen wird der Herr die Erde reinigen, den Nebel vertreiben und den Himmel neu ordnen.

2. Die Gerechten werden in Licht wandeln, und alles Dunkel wird weichen.

3. Der Regen wird aufhören, Zeichen werden am Himmel erscheinen.

Kapitel 12: Henoch wird beauftragt

1. Henoch, der Gerechte, verbarg sich, und niemand wusste, wo er war.

2. Die Engel suchten ihn auf, und der Höchste sprach: "Geh zu den gefallenen Engeln und verkünde ihnen das kommende Gericht."

3. Henoch wurde als Mittler bestimmt zwischen Himmel und Erde.

Kapitel 13: Henoch spricht mit den Wächtern

1. Henoch ging zu den gefallenen Engeln, die große Furcht vor ihm hatten.
2. Sie baten ihn, für sie beim Höchsten zu bitten.
3. Doch Henoch sprach: *„Ihr wart einst himmlisch – und nun seid ihr gefallen."*
4. Und Gott gab ihm keine Gnade für sie.

Kapitel 14: Henochs Himmelreise

1. Henoch hatte eine Vision in der Nacht.
2. Er sah die großen Hallen des Lichts, Throne aus Feuer, Flüsse aus Licht.
3. Und eine große Stimme sprach: *„Fürchte dich nicht, du Menschensohn."*
4. „Schreibe nieder, was du siehst, für kommende Generationen."

Kapitel 15: Gottes Urteil über die Wächter

1. Der Höchste sprach zu Henoch: *„Geh und sprich zu den gefallenen Engeln."*
2. *„Ihr seid vom Himmel herabgestiegen und habt euch mit Menschen verbunden."*
3. *„Eure Nachkommen, die Riesen, werden keine Gnade finden."*
4. *„Sie werden Geister sein auf Erden – unruhig, verwirrend, ohne Ruhe."*
5. *„Sie werden das Werk der Menschen stören bis zum Ende der Zeiten."*

Kapitel 16: Das Ende der Wächter

1. *„Ihr habt das Geheimnis des Himmels enthüllt und es den Menschen gelehrt."*

2. *„Darum seid ihr verflucht – und eure Namen werden aus dem Himmel getilgt."*

3. *„Ihr werdet keine Wiederkehr haben."*

4. *„Und eure Kinder – die Geister der Riesen – werden die Erde durchstreifen."*

Kapitel 17: Henoch wird durch die Himmel geführt

1. Henoch wurde von den Engeln durch verschiedene Himmelsregionen geführt.

2. Er sah Feuerflüsse, brennende Berge, Engel, die Sterne hielten.

3. Und er verstand: *Die Schöpfung ist voller Ordnung und Geheimnis.*

Kapitel 18: Der Ort der gefallenen Engel

1. Henoch sah einen Abgrund – dunkel, leer und furchtbar.

2. *„Dies ist der Ort für die Engel, die ihre Pflicht verließen",* sprach der Engel.

3. *„Hier werden sie bis zum Tag des Gerichts gebunden bleiben."*

Kapitel 19: Prophezeiung über die Endtage

1. Henoch sah, dass viele Götter von den Menschen gemacht wurden.

2. Doch am Ende wird der Höchste allein angebetet werden.

3. Die Gerechten werden aus dem Schatten treten – und das Licht wird sie leiten.

Kapitel 20: Die sieben heiligen Engel

Henoch sah sieben Engel, die über verschiedene Dinge wachten:

- **Uriel**, über die Welt und das Chaos.
- **Raphael**, über die Geister der Menschen.
- **Raguel**, über Rache und Ordnung.
- **Michael**, über das Volk Gottes.
- **Saraqael**, über die Geister, die sündigen.
- **Gabriel**, über Paradies, Schlangen und Cherubim.
- **Remiel**, über die Auferstehung der Seelen.

Kapitel 21: Henoch erscheint vor Gott

Nachdem Henoch in den siebten Himmel geführt wurde, verließen ihn die beiden Engel, die ihn begleitet hatten. Allein und voller Furcht fiel er auf sein Angesicht. Da sandte der Herr den Engel Gabriel zu ihm, der sprach:

„Sei getrost, Henoch! Fürchte dich nicht! Der ewige Herr hat uns zu dir gesandt. Du sollst mit uns heute in den Himmel gehen."

Gabriel ergriff Henoch wie ein Blatt im Sturm und stellte ihn vor den Herrn.

Kapitel 22: Henochs himmlische Gewandung

Henoch fiel nieder, konnte aber den Herrn nicht sehen. Der Herr sprach zu Michael: *„Nimm Henoch und entkleide ihn der irdischen Gewänder! Salbe ihn mit süßem Öl und kleide ihn in die Gewänder der Glorie!"*

Michael tat wie befohlen. Das Öl war strahlend wie Licht, sein Duft wie Myrrhe. Henoch wurde wie einer der Glorreichen, ohne Unterschied. Furcht und Zittern fielen von ihm ab.

Kapitel 23: Henochs schriftliche Aufzeichnungen

Der Herr rief den Engel Bretil, der weise ist und alle Werke des Herrn aufschreibt. Bretil brachte Henoch Bücher und eine Feder und diktierte ihm alle Dinge im Himmel, auf Erden und im Meer, die Läufe der Elemente, die Jahreszeiten und die Gebote. Dreißig Tage und Nächte sprach Bretil, und Henoch schrieb 360 Bücher.

Kapitel 24: Henochs Offenbarung

Der Herr stellte Henoch zu seiner Linken, nahe bei Gabriel, und sprach: *„Henoch! Du hast alle Dinge geschaut, die stehenden und die gehenden und durch mich vollendeten; ich zeige sie dir, bevor sie eine Form annehmen. Ich rief alle Dinge aus dem Nichtsein ins Dasein, aus dem Unsichtbaren ins Sichtbare."*

Der Herr offenbarte Henoch die Geheimnisse der Schöpfung, die selbst den Engeln verborgen waren.

Kapitel 25: Himmlische Geheimnisse

Der Herr gebot, dass im Untersten der sehr große Idoil hervorgehe, der im Leib einen sehr großen Stein hat. Er sprach zu ihm: *„Birst auseinander, Idoil! Es werde aus dir das Sichtbare geboren!"*

Da barst er auseinander, und ein großer Stein kam aus ihm; daraus kam alle Kreatur, die der Herr erschaffen wollte. Er stellte für sich einen Thron hin und setzte sich darauf. Er sprach zum Licht: *„Steig höher hinauf! Mach dich selber fest und werde eine Grundlage für das Höchste!"*

Deshalb gibt es nichts Höheres als das Licht.

Kapitel 26: Die Grundlage der Schöpfung

Der Herr rief im Untersten ein zweites Mal und sagte, es solle aus dem Unsichtbaren ein sichtbares festes Ding kommen. Da kam Aruchas hervor, fest, schwer und ganz schwarz.

Er sprach zu ihm: *„Geh hinab und mach dich selber fest!"*

So ward eine Grundfeste für das Unterste. Und unter der Finsternis gibt es nichts mehr.

Kapitel 27: Die Schöpfung

Der Herr umhüllte einiges mit Licht, machte es dicht und breitete über die Finsternis eine Wasserstraße.

Kapitel 28: Der heilige Berg und seine Quellen

1. Dort sah ich einen anderen Ort, einen hohen, starken, festen Berg aus harten Felsen.

2. Aus seinem Inneren flossen vier Quellen heraus. Sie schimmerten wie Silber, und das Wasser war süß, lebendig und heilend.

3. Die Winde rauschten um den Berg, und es war, als würde ein stilles Lied aus dem Stein selbst erklingen.

Kapitel 29: Der Berg der Lichtengel

1. Und ich sah dort Engel – strahlend wie Flammen, ihre Flügel wie Licht.

2. Sie bewachten die Quellen und sangen Loblieder dem Höchsten.

3. Ich wagte es nicht, mit ihnen zu sprechen, denn ihre Gegenwart war wie reines Feuer.

Kapitel 30: Der Ort der Zeit

1. Und einer der heiligen Engel sprach zu mir: *„Dies ist der Ort, wo die Tage und Jahre berechnet werden."*

2. *„Hier beginnt der Lauf der Jahreszeiten, und die Engel der Zeit stehen über jedem Wechsel."*

3. Ich sah große Lichtkreise auf dem Boden, wie Schattenräder – sie drehten sich mit dem Wind.

Kapitel 31: Die Bäume des Himmels

1. Und ich sah Bäume, wie ich sie nie zuvor gesehen hatte.
2. Ihre Früchte leuchteten wie Kristall, und ihr Duft erfüllte den Ort mit Frieden.
3. Die Blätter flüsterten Worte in einer Sprache, die ich nur mit dem Herzen verstand.

Kapitel 32: Der Baum des Lebens

1. Ich kam an einen heiligen Ort, und dort stand ein einzelner Baum.
2. Er war höher als alle anderen, und sein Stamm glänzte wie flüssiges Gold.
3. Seine Krone breitete sich über das ganze Tal aus, und sein Duft war süßer als alles, was ich kannte.
4. Und ich fragte: *„Was ist dies für ein Baum?"*
5. Der Engel sagte: *„Dies ist der* **Baum der Weisheit***, von dem deine Vorfahren einst aßen."*
6. *„Doch nun ist er verborgen, bis die Zeit der Wiederherstellung kommt."*

Kapitel 33: Die Grenzen der Schöpfung

1. Und ich sah, wie die Erde an ihren Enden gehalten wurde.
2. Engel wachten über die Himmelsrichtungen.
3. Sie öffneten Tore für Licht, Regen, Schnee und Nebel – nicht willkürlich, sondern nach Ordnung.
4. Jeder Wind hatte seinen Wächter.

5. Und ich verstand: **Alles gehorcht einer höheren Weisheit.**

Kapitel 34: Das Ende der Erde

1. Ich wurde weitergeführt – und ich sah das Ende der Erde.

2. Dort traf Land auf Himmel, und der Horizont war wie ein Spiegel aus Licht.

3. Ich konnte nicht weitergehen – denn meine Füße versanken in der Stille.

Kapitel 35: Der himmlische Abgrund

1. Und ich sah einen Ort ohne Grund.

2. Ein Abgrund so tief, dass selbst das Licht darin verschluckt wurde.

3. *„Dies ist der Ort der Prüfung"*, sagte der Engel. *„Wer hier hineingeht ohne Berufung, wird nicht wiederkehren."*

Kapitel 36: Die vier Himmelstore

1. Schließlich führte man mich zu vier mächtigen Toren, eingelassen in den Himmel selbst.

2. Aus jedem kam ein anderer Strom:

- Einer brachte Leben,
- einer brachte Gericht,
- einer brachte Erkenntnis,
- einer brachte Feuer.

3. Und der Engel sprach: *„Diese Ströme fließen zur Welt, damit die Menschen sich entscheiden, welchen Weg sie gehen."*

Kapitel 37: Beginn der Gleichnis-Offenbarungen

Dies ist der Beginn der ersten der drei Gleichnis-Offenbarungen Henochs: *„Dies ist das erste Gleichnis von Henoch, dem Schreiber der Gerechtigkeit, der die Auserwählten ermahnt und belehrt, damit sie nicht vom Wege der Wahrheit abweichen."*

Henoch spricht: *„Ein großer Sturm wird kommen, und der Heilige und Große wird aus seiner Wohnstätte hervortreten. Er wird alle Mächtigen der Erde richten, und die gerechten Seelen werden Schutz bei ihm finden."*

Er sieht den Tag, an dem **der Menschensohn** erscheint – verborgen vor der Schöpfung, doch nun offenbar gemacht.

Kapitel 38: Das Gericht über die Ungerechten

„Wenn das Volk der Gerechten erscheint und der Auserwählte sich offenbart, dann wird es kein Erbarmen mehr für die Sünder geben."

Die Könige und Mächtigen werden zittern, und es wird kein Ort mehr sein, an dem sie sich verstecken können.

„Sie werden sagen: ‚Wären wir doch gerecht gewesen – jetzt haben wir keinen Anteil an Leben und Licht.'"

Denn das Licht der Gerechten wird ewig leuchten, doch für die Frevler ist Dunkelheit bereitet.

Kapitel 39: Die Offenbarung der Herrlichkeit

Henoch sieht in einer Vision die Wohnung der Gerechten und Auserwählten: „Ich wurde in den Himmel erhoben und sah Häuser aus Kristall, von Feuer umgeben. Die Herrlichkeit des Herrn war unbeschreiblich."

Henoch sieht Myriaden von Engeln, die nicht müde werden, Gott zu preisen. Er hört ihre Lieder, und sie rufen:

„Gesegnet ist der Herr, der über Ewigkeit thront! Gesegnet sei die Stimme seiner Herrlichkeit!"

Dann wird Henoch gesagt: *„Du sollst bleiben unter den Gerechten – denn du hast Frieden geliebt und die Menschen zur Gerechtigkeit geführt."*

Kapitel 40: Die vier Engel der Gegenwart

Henoch sieht **vier mächtige Engel**, die vor Gott stehen:

1. **Michael** – der Barmherzige
2. **Raphael** – der Heiler
3. **Gabriel** – der Starke
4. **Phanuel** – der Schutz der Bußfertigen

Diese Engel sind es, die über die Schöpfung wachen, über Seelen richten, und Gebete zu Gott tragen.

„Und ich hörte, wie sie die Stimme des Heiligen priesen, der auf dem Thron der Herrlichkeit sitzt."

Kapitel 41: Geheimnisse von Erde, Himmel und Zeiten

Henoch sieht die großen Naturordnungen der Welt: *„Ich sah den Kreislauf des Lichts und der Sterne, die Schätze der Winde, die Bewegungen des Himmels, die Bahnen der Sonne und des Mondes."*

Er erkennt: Alles folgt einer Ordnung, nichts ist willkürlich. *„Ich sah, dass alle Dinge durch Maß und Zahl gelenkt werden. Es gibt keine Unordnung in Gottes Werk – nur der Mensch kennt seine Zeiten nicht."*

Kapitel 42: Die umherirrende Weisheit

„Die Weisheit fand keinen Ort, an dem sie wohnen konnte." Sie zog aus ihrem himmlischen Haus und suchte eine Bleibe unter den Menschen.

„Doch sie wurde verworfen – kein Herz war bereit, sie aufzunehmen." So kehrte sie zurück an ihren Platz im Himmel und bereitete sich für jene, die den Weg der Wahrheit lieben.

„Und die Ungerechtigkeit ging an ihrer Stelle aus – um bei den Sündern zu wohnen, die sich nicht schämen."

Kapitel 43: Die Himmelslichter und ihre Ordnung

Henoch sieht erneut die Bewegung der Sterne: *„Ich sah die Lichter des Himmels und ihre Zahl, ihre Namen, ihre Bahnen und ihre Zeiten."*

Jeder Stern folgt einem festen Kurs, in vollkommener Harmonie. *„Und die Heiligen Engel, die über sie wachen, schreiben alles auf im Buch des Himmels."*

Kein Stern verfehlt seine Ordnung – doch die Menschen vergessen die Ordnung ihrer Herzen.

Kapitel 44: Die Stimme der Elemente

Henoch hört:

- **das Brausen des Donners**
- **das Lied des Windes**
- **das Raunen der Wasser**
- **das Singen des Feuers**

„All dies hat eine Stimme – und ihre Sprache wird vom Herrn verstanden." Denn auch die Elemente ehren ihren Schöpfer – sie klagen nicht, sie gehorchen.

Kapitel 45: Der Thron des Menschensohns

„Und ich sah den Thron des Herrlichsten aufgerichtet – und der Menschensohn setzte sich darauf."

Er wird genannt:

- **der Gerechte**
- **der Auserwählte**
- **das Licht der Völker**

- der, bei dem die Weisheit wohnt

„Vor ihm beugen sich Könige und Mächtige, denn ihre Werke sind offenbart."

Und er wird richten – mit Gerechtigkeit, mit Milde gegenüber den Demütigen, mit Macht gegenüber den Gewalttätigen.

Kapitel 46: Die Erscheinung des Menschensohns

Henoch sieht einen Menschen, dessen Angesicht voll Schönheit und Kraft war – und er fragte einen der Engel:

„Wer ist dieser – der Sohn des Menschen, der vom Anfang verborgen war, und jetzt offenbar wird?"

Und der Engel antwortete:

„Dies ist der Menschensohn, der Gerechtigkeit bringt. Er wird die Könige stürzen, die Stolzen brechen, und den Bedrückten aufrichten."

„Er wurde verborgen vor der Schöpfung, doch für die Gerechten aufbewahrt."

Und alle, die seinen Namen anrufen, werden gerettet werden.

Kapitel 47: Das Buch des Lebens

Henoch sieht: *„In jenen Tagen werden die Gebete der Gerechten erhört – und das Blut der Gerechten wird vor dem Herrn bezeugt."*

Die Engel der Gerechtigkeit tragen ihre Bitten empor, und es wird **ein Buch der Gerechtigkeit** geöffnet, in dem **alle Werke der Menschen** verzeichnet sind. *„Und der Heilige blickt nicht mehr untätig auf das Unrecht – sein Gericht ist nahe."*

Kapitel 48: Der Auserwählte vor der Schöpfung

„Und zu jener Stunde wurde der Auserwählte in der Gegenwart des Herrn der Geister geboren – vor der Erschaffung der Welt."

Er wird den Gerechten offenbar, die seinen Namen preisen. Und durch ihn wird das Licht kommen, das die Völker heilt.

„Die Könige der Erde werden sich vor ihm beugen, doch sie werden beschämt sein – denn sie vertrauten nicht auf ihn."

Kapitel 49: Die Kraft seines Mundes

„Denn Weisheit ist ihm gegeben – das Wort des Mundes des Auserwählten bringt die Sünder zum Schweigen und zerbricht die Starken."

Kein Schwert, kein Heer, keine List kann gegen ihn bestehen – denn er **spricht** und es geschieht.

„Und der Geist der Weisheit, des Rates, der Kraft, der Gerechtigkeit ruht auf ihm."

Kapitel 50: Der Tag der Entscheidung

„In jenen Tagen wird die Erde erzittern, und alle, die auf ihr wohnen, werden sterben vor Furcht."

Doch für die Gerechten wird **ein Licht aufgehen** – ihre Angesichter werden **leuchten wie die Sonne**. *„Und sie werden vom Herrn Hilfe empfangen, und in Frieden wohnen – denn sie haben seinen Namen geliebt."*

Kapitel 51: Die Auferstehung der Gerechten

Henoch sieht das Ende der Zeit: *„In jenen Tagen wird die Erde den Toten herausgeben – und der Scheol wird, was in ihm war, wiederbringen."*

Die Berge tanzen wie Widder, die Hügel springen wie Lämmer – denn die Auferstehung ist nahe.

„Und die Gerechten werden aufstehen und ein neues Leben empfangen." „Ihr Leib wird verwandelt – und sie werden glänzen wie Feuerlichter und werden Engel gleichen."

Kapitel 52: Die Strafe über Eisen, Bronze, Silber und Gold

Henoch spricht: *„Ich sah ein Tal mit flammendem Feuer – darin standen Säulen aus Eisen, Bronze, Silber und Gold."*

Doch der Herr sprach zu mir: *„Diese Metalle werden einst zu nichts. Denn aus ihnen haben die Menschen Waffen gemacht – um Blut zu vergießen und zu zerstören."*

„Darum wird Feuer sie verzehren – kein Schwert wird mehr geschmiedet, kein Panzer mehr gegossen."

Und das Tal wurde erfüllt von glühender Glut, die das Werk menschlicher Gewalt vernichtete.

Kapitel 53: Das Tal der Strafe

Dann sah Henoch: *„Wagen aus Feuer fuhren in jenes Tal – und eine Stimme sprach: ,Dies ist die Vorbereitung für den Tag des Gerichts.'"*

Dort werden die Könige der Erde versammelt, die sich dem Namen Gottes widersetzt haben.

„Denn sie haben die Gerechten unterdrückt, die Sanftmütigen verspottet, und ihre Schwerter gegen die Kinder des Lichts erhoben."

Kapitel 54: Die Ketten der Engel und die Flut des Feuers

Henoch sieht eiserne Ketten – groß und schwer. *„Für die gefallenen Engel sind sie bereitet – für Azazel und seine Heerscharen, die die Menschen zur Bosheit verführten."*

Und er sah: *„Ein Abgrund voll Feuer unter den Bergen, bereit für jene, die den Namen des Herrn verleugneten."*

Ein Engel sprach: *„Dies ist der Ort der Strafe – für Könige, Tyrannen, Richter, die die Lüge statt Wahrheit wählten."*

Kapitel 55: Der Ruf an die Sanftmütigen

Da erhob sich eine Stimme: *„Wendet euch ab vom Unrecht! Verlasst die Gewalttat – denn der Tag der Finsternis ist nah."*

„Die Gerechten sollen auferstehen in Klarheit, und ihre Worte werden wie Pfeile sein – doch nicht zum Töten, sondern zur Heilung der Erde."

 „Denn das Wort wird stark sein und das Schwert ablösen."

Kapitel 56: Himmlische Heere bereiten sich vor

Henoch sieht: *„Heerscharen des Himmels – engelhafte Krieger – stehen auf, bereit für den großen Tag."*

„Und auch die Könige der Erde sammeln ihre Heere – aus Osten und Westen, aus Süden und Norden."

„Sie schließen einander Bündnisse – doch sie kennen den Herrn nicht, der über allem steht."

„Und wenn sie sich versammeln gegen den Auserwählten – dann wird das Schwert des Himmels sprechen."

Kapitel 57: Der Sturm der Erweckung

Henoch spricht: *„Ich sah einen gewaltigen Sturm – Winde brausten vom Himmel, eine große Bewegung ging durch die Völker."*

Die Erde erbebte – nicht durch Krieg, sondern durch **Geist**. Ein Ruf ging aus, unsichtbar, doch durch alles dringlich.

„Denn der Herr bereitete die Seelen vor, die ihn suchen, und die Erkenntnis ging aus wie ein Blitz."

Kapitel 58: Die Klarheit der Gerechten

Dann sprach der Engel zu Henoch: *„Komm, und ich will dir zeigen die Wohnung der Gerechten."*

Henoch sah:

- klare Ströme von Licht
- ein Tal voll sanftem Glanz
- kein Schatten, kein Staub
- nur Friede, ausgebreitet wie ein Gewand

„Dies ist der Ort, den der Herr bereitet hat für die, die ihn lieben, für die, die sich nicht beugen vor Gewalt."

Und Henoch sah die Seelen der Auserwählten wie **Sterne im Morgenlicht**.

Kapitel 59: Die Geheimnisse des Regens und der Winde

Henoch wurde erneut geführt: *„Ich sah Kammern im Himmel – dort gingen die Winde aus, geteilt in Leben und Gericht."*

„Einige Winde bringen Regen, andere Hitze, andere Frost."

„Und ich sah, dass auch der Donner einen Wohnort hat – ein verborgenes Haus, in dem der Schall erschaffen wird, bevor er auf die Erde kommt."

„Die Engel, die darüber wachen, stehen in Furcht vor dem Herrn, und keiner überschreitet das Maß."

Kapitel 60: Die Offenbarung über Maß und Macht

Am 500. Jahr des Lebens Henochs erschien ihm **Michael, der große Engel** mit einer neuen Offenbarung.

„Der Herr hat den Tag gesetzt, an dem die Mächte des Himmels offenbart werden – und der Auserwählte aufgerichtet wird zur Kraft und Herrlichkeit."

Dann wurden Henoch die Namen der Engel offenbart, die über die Naturkräfte gesetzt sind:

- **Uriel** – über die Weltenlichter und den Kosmos
- **Raphael** – über die Geister der Menschen
- **Raguel** – über Recht und Gericht

- **Michael** – über das Volk Gottes
- **Saraqael** – über die Geister, die sündigen
- **Gabriel** – über Paradies, Schlangen und Cherubim
- **Remiel** – über die Auferstehung

„Und sie messen das Licht, den Lauf der Gestirne, den Odem der Zeiten – nichts entgeht ihrer Aufzeichnung."

Am Ende dieses Kapitels wird deutlich: „Der Auserwählte wird ihnen gleichgestellt, und der Herr wird ihn mit Macht umkleiden."

Kapitel 61: Die Kleider des Lichts

„Und in jenen Tagen sah ich, wie der Herr der Geister auf seinen Thron der Herrlichkeit trat."

Er sandte das Wort an den Auserwählten: *„Nimm Macht und Weisheit! Komm herauf auf den Thron deines Lichtes! Denn du sollst über die Gerechten herrschen – in Gnade und Klarheit."*

Dann sah Henoch Engel mit **Kleidern aus Licht**, die sie den Auserwählten reichten. Und **Bücher wurden geöffnet** – die Namen der Gerechten wurden laut vorgelesen.

„Sie werden stehen wie leuchtende Berge, ihr Mund wird Lob sein, ihr Herz ohne Falsch."

Kapitel 62: Die Warnung an die Könige der Erde

„Der Herr wird Gericht halten über die Könige und Starken, die sich gegen seinen Auserwählten erhoben."

Sie werden sprechen: *„Wir haben ihn verlacht – aber jetzt sehen wir: Er sitzt zu Rechten der Kraft."*

„Unsere Schwerter haben versagt. Unsere Namen sind vergessen – aber sein Name leuchtet."

„Lasst uns fallen in Staub und Asche – denn es gibt kein Erbarmen mehr."

Doch über die Gerechten wird gesagt: „Kommt herzu, ihr Gesegneten! Denn das Licht des Lebens ist euer Anteil."

Kapitel 63: Die Stimme der Reue - zu spät

Henoch hört die Stimme derer, die zu spät erwachen:

„Jetzt ist unsere Seele voller Schuld. Was nützt unsere Macht? Unsere Kronen sind gefallen."

„Hätten wir doch die Weisheit geliebt! Jetzt ist sie fern."

„Wir haben Gold gesammelt – aber es brennt in unserer Hand."

Und ihre Worte vergehen wie Rauch – ohne Antwort.

Kapitel 64: Die Engel der Sünde

Henoch sieht erneut das Tal, wo die **Engel der Verführung** gebunden sind.

„Sie hatten die Menschen durch ihre Werke verdorben, und Wissen gegeben, das Finsternis brachte."

Der Herr spricht:

„Verloren ist, was nicht vom Licht kommt. Denn ich habe das Maß gegeben, und was darüber hinausgeht, wird vernichtet."

Kapitel 65: Henochs Klage und Gebet

Henoch spricht: „Mein Herz ist schwer – denn ich sehe das kommende Gericht."

„Die Wasser werden steigen, die Erde wird beben, und vieles wird hinweggefegt werden."

Und er betet:

„O Herr der Geister, habe Erbarmen mit der Erde, denn sie trägt die Last der Schuld der Menschen."

„Lass nicht alles vergehen – denn einige haben deinen Namen geliebt."

„Gedenke des Bundes – und rette, was gerettet werden kann."

Kapitel 66: Die Engel der Flut

Henoch hört den Herrn der Geister sprechen: *„Entsende die Engel über die Wasser der Erde – denn sie sollen den Abgrund öffnen, damit die große Flut beginne."*

Und Uriel wird gesandt zu **Noach:**

„Weise ihn an, dass er sich rette – denn die Wasser kommen, um alles Fleisch zu vernichten, das den Wegen der Engel folgte."

Denn durch sie war die Erde voller Gewalttat, und kein Fleisch war rein geblieben.

Kapitel 67: Das Feuer unter dem Wasser

Henoch sieht, dass auch das Feuer unter der Erde tobt – denn nicht nur durch Wasser wird gereinigt, sondern auch durch Glut.

„Und im Tal, wo Azazel gebunden ist, brodelt das Gericht – Wasser und Schwefel, Dampf und Feuer – bereitet für das, was kam, und was kommen wird."

Henoch erkennt: Die Elemente gehorchen dem Ruf des Schöpfers – aber der Mensch vergaß seine Ordnung.

Kapitel 68: Die Namen der gefallenen Engel

Ein Engel spricht zu Henoch und zählt die Namen der gefallenen „Wächter" auf:

- **Semjaza** – der Anführer
- **Azazel** – der Verderber der Waffen
- **Armaros, Kokabiel, Tamiel, Ramiel** und viele mehr

„Diese waren es, die den Menschen Verführung brachten, Magie, Blutopfer, Trennung von Licht."

„*Ihr Gericht ist versiegelt – und ihre Namen sind aus dem Buch der Leben getilgt.*"

Kapitel 69: Die verbotenen Künste

Henoch erfährt:

- wie **Azazel** lehrte, Waffen zu schmieden
- wie **Amazarak** die Zauberei offenbarte
- wie **Penemue** das Schreiben pervertierte
- wie **Kasdeja** die Abtreibung lehrte

„*Sie haben das Wissen der Himmel verdreht und daraus Schatten gemacht.*"

Und der Herr sprach: „*Ihr habt das Geheimnis des Ewigen verraten – nun soll euch das Licht entzogen werden.*"

Kapitel 70: Henoch wird entrückt

Nach all diesen Visionen spricht der Herr: „*Henoch, du hast treu gehorcht, du hast gesehen und nicht gefürchtet – nun wirst du entrückt.*"

Henoch wird vom Erdboden erhoben und in den **höchsten Himmel** gebracht.

„*Dort sah ich den Auserwählten sitzen auf dem Thron des Lichts – und mit ihm ein Buch, in dem Namen eingeschrieben waren.*"

Henoch erkennt: „*Das ist der, der die Völker richten wird – der Menschensohn, der verborgen war, nun aber leuchtet über den Zeiten.*"

Kapitel 71: Henoch wird zum „Sohn des Menschen"

Henoch spricht: „*Und es geschah nach diesen Dingen, dass ich durch Engel emporgehoben wurde – bis in das Herz des Feuers, wo sich der Thron befand.*"

Und siehe – der **Menschensohn**, den Henoch bisher nur in Vision sah, war da.

Doch nun hörte Henoch eine Stimme: *„Du bist dieser Menschensohn. Du bist der Auserwählte, der bei Gott wohnt, und über die Völker Gerechtigkeit bringen wird."*

Und die Engel fielen nieder vor ihm. *„Sie nannten mich mit einem Namen, den ich nicht gekannt hatte – denn ich war in Licht gehüllt, und ich wusste: Das ist der Wille Gottes."*

Kapitel 72: Die Ordnung der Sonne

Der Engel **Uriel**, Wächter des Himmels, sprach: „Ich zeige dir jetzt das Buch der Himmelsbahnen – damit du das Maß der Zeit erkennst."

Henoch sieht:

- wie die **Sonne** zwölf Tore durchläuft
- wie sie **360 Tage** in vollkommenem Kreislauf wandert
- wie die **Tage zunehmen und abnehmen**, je nach Jahreszeit

„Wenn sie im Osten aufgeht, beginnt das Leben. Wenn sie im Westen untergeht, sinkt alles zur Ruhe."

Und alles geschieht ohne Irrtum.

Kapitel 73: Die Ordnung des Mondes

„Nun zeige ich dir den Weg des Mondes – wie er wächst und abnimmt, in 30 Tagen vollendet."

Henoch sieht:

- **den Mond, der dem Lauf der Sonne folgt**
- **wie er sich selbst verliert, um sich wieder zu erneuern**
- **wie er mit der Sonne den Kalender Gottes bildet**

„Auch er hat seinen Engel – und kein Lichtteil kehrt zurück, außer im rechten Maß."

Kapitel 74: Das Maß der Monate

Henoch schreibt:

*„Ich sah, wie viele Tage auf ein Jahr fallen – und es waren **364 Tage**."*

- **12 Monate à 30 Tage**
- **plus 4 Übergangstage (Quartalswechsel)**
- **genau eingeteilt nach Himmelslicht**

„Wenn du das verstehst, wirst du Gottes Ordnung erkennen – denn Irrtum kam erst durch den Menschen."

Kapitel 75: Die Himmelswinde und Richtungen

*„Und der Engel zeigte mir die **vier Hauptwinde**: Ost, West, Nord, Süd – und die zwölf Tore des Himmels, aus denen Licht, Frost, Regen, Tau und Schatten hervorgehen."*

Henoch sieht:

- **wie die Winde das Klima lenken**
- **wie der Regen seinen Engel hat**
- **wie die Erde atmet durch die Öffnungen des Himmels**

„Und der Herr hat jeder Richtung ihren Platz gegeben – damit alles im Gleichmaß bleibe."

Kapitel 76: Die zwölf Tore des Himmels

Henoch sieht:

*„An allen vier Himmelsrichtungen – Ost, West, Nord, Süd – sah ich jeweils **drei Tore**, aus denen die Winde und Mächte hervorgehen."*

Daraus kommen:

- **Segen**: Regen, Tau, Fruchtbarkeit
- **Zerstörung**: Sturm, Frost, Hagel, Feuer

„Der Herr hat jedem Tor einen Engel zugewiesen – damit kein Wind ohne Maß wehe."

Henoch versteht: Auch das Wetter gehorcht dem heiligen Maß.

Kapitel 77: Der Weg des Meeres

Henoch sieht: *„Die Wasser unter dem Himmel gehorchen den Toren – sie fließen, steigen, verdunsten, gemäß dem Befehl der Engel."*

„Das große Meer hat eine Grenze – und sie ist durch Wind und Maß gesichert."

Und die Erde ruht auf den Wassern, doch **nicht von ihnen überwältigt**, weil der Wille des Herrn es so gesetzt hat.

Kapitel 78: Sonne und Mond im Zusammenspiel

Henoch erkennt:

- die **Sonne regiert am Tag**, der **Mond bei Nacht**
- die **Lichtverhältnisse wechseln**, aber das **Maß bleibt konstant**

„Die Sonne geht auf aus einem Tor im Osten – und sie verschwindet im Tor des Westens."

„Der Mond vollendet seinen Lauf in 30 Tagen, verzögert sich manchmal, doch folgt der Sonne in Ehrfurcht."

Es ist eine **himmlische Choreografie**, geführt von göttlichen Händen.

Kapitel 79: Zeichen in der Sonne

Henoch sieht Zeichen in der Sonne: *„Sie wird manchmal rot wie Blut, manchmal dunkel wie Sackgewebe – und das wird den Völkern ein Zeichen sein."*

Auch der Mond zeigt Veränderungen: *„Er wird Licht verlieren und in Scham und Schweigen verharren."*

Henoch erkennt: Diese Himmelszeichen kündigen **Unruhe auf Erden** an.

Kapitel 80: Der Bruch der Ordnung in der Endzeit

Henoch hört die Stimme Uriels: *„In den Tagen der Sünder werden die Ordnungen der Himmel gestört werden."*

- Die Sonne wird sich **verspäten**
- Der Mond wird **außer Takt geraten**
- Die Sterne werden **ihre Wege verlassen**

„Und der Regen wird nicht mehr zur Zeit fallen – und die Frucht wird vergehen, ehe sie reif wird."

Denn die Sünde des Menschen hat selbst die Elemente verwirrt.

„Doch die Gerechten werden leuchten – und ihre Saat wird bestehen, auch wenn die Welt wankt."

Kapitel 81: Henoch übergibt die Bücher

„Und nun, mein Sohn Methusalah, nimm alle Bücher, die ich dir diktiert habe, und schreibe sie auf Pergament."

Henoch sagt: *„Ich habe gesehen, was war, was ist, und was kommen wird bis zum Ende der Zeiten."*

Er übergibt Methusalah:

- das **Buch der Himmelsbahnen**
- das **Buch der Zeichen**
- das **Buch der Weisung für die Gerechten**

„Lies es dem Volk vor – damit sie lernen, in Gerechtigkeit zu leben."

„Denn Unordnung wird kommen – aber der Weise wird das Maß erkennen."

Kapitel 82: Der himmlische Kalender

Henoch erklärt: *„Ich habe gesehen: Es gibt 364 Tage – geteilt in vier Teile, mit heiligen Übergängen."*

Doch er warnt:

„Die Menschen werden den Mond verehren, und sie werden sich im Kalender verirren."

Sie werden:

- die Zeiten der Feste verlieren
- den Sabbat entweihen
- das Jahr mit **falschem Maß** beginnen

„Darum wird das, was heilig ist, vergehen – und das, was leer ist, wird sich heilig nennen."

Kapitel 83: Henochs zweite Vision – die Wasserflut

Henoch spricht: *„Ich erhob mich im Schlaf und sah in einer Vision: Ein großer Sturm kam vom Himmel – Feuer, Wasser, Hagel, Erdbeben."*

„Und siehe – die Erde wurde verschlungen, und Berge wurden zerrissen, und Wasser stieg über alle Höhen."

Er erkennt: *„Dies ist die **Flut**, die das Gericht über die gefallenen Engel und ihre Nachkommen bringt."*

Kapitel 84: Henoch betet für Gnade

Henoch betet: *„Herr der Ewigkeit – lass dein Erbarmen nicht schweigen!"*

„Auch wenn das Volk fehlgeht – du bist treu. Auch wenn sie in Dunkelheit wandeln – dein Licht ist nah."

Er bittet um drei Dinge:

1. **Vergebung**
2. **Erinnerung an den Bund mit den Gerechten**

3. Bewahrung der Saat des Lichts

Kapitel 85: Die Vision der Tiere beginnt

Henoch sieht eine neue, seltsame Vision:

„Ich sah: Ein Stier kam aus der Erde hervor – weiß. Und hinter ihm ein schwarzer Stier. Und dann ein roter."

„Und aus ihnen gingen viele Tiere hervor – Hunde, Füchse, Schweine – und unter ihnen war Kampf und Zerstörung."

Dies ist der Anfang einer großen Allegorie: eine **Tier-Gleichnis-Vision**, die den Lauf der Menschheit von Adam bis zur Endzeit in Bildern zeigt.

- **Die Tiere = Menschen und Völker**
- **Der weiße Stier = Adam**
- **Der schwarze Stier = Kain**
- **Das Chaos = die Nachkommen der Sünde**

Kapitel 86: Die gefallenen Engel als Stiere

Henoch sieht: *„Ich sah, wie große Sterne vom Himmel fielen und sich unter die Tiere mischten – sie waren wie Stiere, und sie traten auf die Erde mit Gewalt."*

Diese *„Sterne"* sind die **Wächterengel**, die sich mit den Töchtern der Menschen vermischten.

„Die Stiere paarten sich mit den Kühen – und aus ihnen wurden Elefanten, Kamele und Esel, groß und wild."

„Sie zertraten die Menschen, sie zerfleischten einander."

Dies ist das Bild der **Nephilim** – der Gewalt, die aus dem Vermischen von Himmel und Erde kam, ohne heilige Ordnung.

Kapitel 87: Der Ruf zum Gericht

Dann sieht Henoch: *„Ein großer Adler mit Flügeln kam vom Himmel herab – und rief weitere Adler, Löwen und Panther, die den Ort des Verderbens umzingelten."*

Dies sind die **Engel des Gerichts**, die Boten des Herrn.

„Sie banden die wilden Tiere, warfen sie in eine Schlucht – und verschlossen sie mit Felsen."

So wie Azazel und seine Gefährten gebunden wurden.

Kapitel 88: Das Tal des Feuers

„Ich sah, wie Feuer ausging von jenem Tal – wo die Engel gebunden waren."

„Und es warf Rauch, Schwefel und Glut auf – ein Ort der Qual."

Dies ist das **Gerichtstal**, das bereits in Kapitel 10 erwähnt wurde – es ist ein Vorbild auf spätere Bilder wie das **Gehenna**.

Kapitel 89: Die Geschichte der Menschheit als Tier-Gleichnis

Henoch beginnt nun die **große Tier-Chronik**:

- **Adam** erscheint als **weißer Stier**.
- **Eva** als **weiße Kuh**.
- **Kain** als **schwarzer Stier** – er tötet seinen Bruder **Abel**.
- Nach Kain entstehen viele **bunte Tiere** – das Volk vermischt sich.

Dann erscheint **Noach** – als ein **weißer Stier**, dessen Augen **blitzen wie Sonne** und von dem **drei Söhne** ausgehen (Sem, Ham, Japhet)

„Ein großes Schaf wird geboren – es ist Abraham."

Aus ihm kommen zwölf Schafe (**die Stämme Israels**) und viele Lämmer. Dann kommen **Wölfe, Löwen und Füchse** – die **Feinde Israels**.

„Die Schafe werden zerstreut, viele werden gefressen."

Aber ein Engel **führt sie**, und sie **bauen einen Turm** (Sinai → Tempel)

Kapitel 90: Der Menschensohn und das neue Haus

*„Ich sah – und siehe: Ein großer Widder erhob sich – es war **ein Gerechter**, der alle Wölfe besiegte."*

Er führt die Schafe zurück, und **ein neues Haus** wird gebaut **reiner, heller als das erste**.

Dann erscheinen:

- **Sieben weiße Männer** – die himmlischen Richter
- Und einer, „dessen Gesicht leuchtet wie der Glanz der Sonne" – der **Menschensohn**

„Und ich sah, wie das alte Haus niedergerissen wurde – doch das neue wurde auf einem Hügel gebaut, und alle Schafe strömten hinein."

Am Ende:

*„Alle wilden Tiere wurden vernichtet. Und es wurde **ein einziger, friedlicher Stamm** gebildet – unter dem Licht des Herrn."*

Kapitel 91: Die sieben Wochen der Menschheit

Henoch spricht: *„Hört mich, meine Kinder – denn ich will euch die Dinge offenbaren, die kommen werden von Generation zu Generation."*

Und er zeigt ihnen die **sieben Wochen** – eine prophetische Zeitlinie der Welt:

1. **Erste Woche** – Gerechtigkeit erwacht (Adam–Henoch).

2. **Zweite Woche** – Sünde breitet sich aus, Flut kommt (Noach).
3. **Dritte Woche** – Abraham erscheint, das Gesetz wird gegeben.
4. **Vierte Woche** – Tempel wird gebaut, aber Götzendienst wächst.
5. **Fünfte Woche** – Nationen greifen Israel an.
6. **Sechste Woche** – Falsche Lehrer, Auflösung, Spaltung.
7. **Siebte Woche** – Gerechte werden erwählt, das Gericht beginnt.

„Dann kommt eine achte Woche – des Gerichts, des neuen Himmels, des Lichtes und des Friedens."

Kapitel 92: Die ewige Weisheit

Henoch spricht: *„Die Weisheit wurde vor allem erschaffen – und denen gegeben, die den Herrn fürchten."*

Sie ist **kein lautes Wort**, sondern ein stiller Weg. Nicht viele werden ihn gehen.

„Die Sünder verachten sie, doch die Gerechten tragen sie im Herzen."

Kapitel 93: Die Berufung zur Standhaftigkeit

„Werdet nicht schwach, meine Kinder – denn die Lüge wird stark, doch nur für eine Zeit."

„Blickt nicht auf den Reichtum der Frevler, noch fürchtet ihre Worte – denn ihr Ende ist Staub."

„Doch euer Name wird bleiben – aufgeschrieben im Buch des Lebens."

Kapitel 94: Weherufe gegen die Ungerechten

Henoch ruft:

- *„Wehe euch, ihr Reichen – denn ihr habt auf Unrecht gebaut."*
- *„Wehe euch, ihr Lügner – denn euer Wort wird gegen euch zeugen."*
- *„Wehe euch, die ihr die Gerechten verspottet – denn ihre Tränen werden eure Richter sein."*

Kapitel 95: Trost für die Gerechten

Henoch betet:

- *„Seid stark, meine Kinder – fürchtet euch nicht in der Finsternis."*
- *„Denn der Herr hat euch gesehen – und euer Name ist bekannt im Himmel."*
- *„Wenn sie euch verfolgen, werdet ihr getragen."*
- *„Wenn sie euch verachten, werdet ihr im Licht glänzen."*
- *„Und ihr werdet sein wie Sterne über den Völkern – unvergänglich, unerreichbar, aufrecht."*

Kapitel 96: Das Wehe über Reichtum ohne Herz

„Wehe euch, ihr Reichen, denn ihr habt euer letztes Gut empfangen – hier auf Erden, nicht im Himmel."

Henoch ruft:

- *„Ihr habt Gold gesammelt – doch eure Hände sind rot vom Blut."*
- *„Ihr habt Paläste gebaut – aber eure Grundmauern sind Lüge und Betrug."*
- *„Der Herr kennt eure Bücher – und in keinem steht euer Name unter den Gerechten."*

Kapitel 97: Der Spott der Sünder

- *„Wehe euch, die ihr lacht über das Licht – und das Dunkel liebt wie einen Mantel."*

- *„Ihr sagt: ‚Wer sieht uns? Wer richtet uns?' Doch siehe – das Buch eurer Werke wird geöffnet."*

Henoch warnt:

„Ihr lebt, als ob es keinen Morgen gäbe – doch der Morgen kommt wie ein Schwert, und er fragt nicht nach eurer Meinung."

Kapitel 98: Die Umkehr ist jetzt

„Wehe euch, die ihr Gerechtigkeit hasst und den Gerechten verfolgt – denn bald werdet ihr ihn sehen, den, den ihr verachtet habt."

Henoch spricht zu den Reinen:

„Fürchtet euch nicht – ihr seid wie Samenkörner, versteckt in der Erde – aber ihr werdet auferstehen mit hundertfacher Frucht."

Kapitel 99: Götzen, Zauber und Unrecht

Henoch warnt:

- *„Wehe euch, die ihr Götzen aufrichtet – aus Stein, aus Holz, aus Worten – und euer Herz dorthin neigt, wo kein Leben ist."*

- *„Wehe euch, die Zauberei betreiben, und Macht durch Geister suchen – denn der Geist des Herrn wird euch verlassen."*

- *„Wehe euch, die ihr Kinder verkauft, und Blut wie Wasser vergossen habt – denn selbst das Land wird euch verfluchen."*

Kapitel 100: Der Tag der Entscheidung

„In jenen Tagen werden Engel mit Schwertern kommen – und sie werden eine Scheidung bringen: zwischen Licht und Finsternis, zwischen Leben und Tod."

Die Meere werden sich regen, die Berge werden beben, die Himmel werden sprechen:

„Wen habt ihr gewählt?"

Und Henoch ruft:

- *„Die Gerechten werden wie Adler fliegen – hoch hinauf, über Sturm und Urteil. Und sie werden ruhen im Schoß des Lichtes."*
- *„Doch die Namen der Lügner werden wie Rauch verwehen."*
- *„Darum – wähle jetzt, denn der Tag ist kurz, und die Nacht ist nicht leer."*

Kapitel 101: Die Elemente klagen

Henoch spricht:

- „Hört, meine Kinder – selbst das Wasser klagt gegen euch. Denn ihr habt es missbraucht, als sei es euer Eigentum."
- „Die Erde gibt euch ihre Frucht, doch ihr vergiftet sie. Der Himmel spendet Regen, doch ihr dankt nicht."
- „Was hat der Wind euch getan, dass ihr ihn vertreibt mit Rauch? Was haben die Sterne euch getan, dass ihr sie für eure Zeichen missbraucht?"

Und die Schöpfung weint, weil sie die Stimme ihres Herrn kennt – doch der Mensch schweigt.

Kapitel 102: Die Angst der Sünder

Henoch ruft:

- „Warum fürchtet ihr euch in euren Träumen, wenn ihr doch in euren Tagen spottet?"
- „Ihr sagt: ‚Es gibt kein Gericht – wir leben und sterben wie Tiere.'"

Doch siehe:

- „Die Gerechten haben ihre Hoffnung nicht in Silber gelegt, sondern in das Herz Gottes."
- „Sie schlafen im Staub, aber ihr Geist ist wach – und bald wird der Ruf erschallen."

Kapitel 103: Trost für die Verfolgten

„Seid getrost, ihr Gerechten – denn eure Tränen sind gezählt. Eure Wunden sind geschrieben in das Buch des Lebens."

„Euer Blut schreit lauter als die Trompeten der Könige. Und die Engel tragen eure Klage wie einen Lobpreis vor den Thron."

Henoch spricht:

„Ich sage euch: Ihr werdet leuchten wie das Licht des Himmels. Nicht Gold, nicht Ruhm – sondern Wahrheit wird euer Kleid sein."

Kapitel 104: Die heiligen Schriften

*„Ich hinterlasse euch diese Worte – nicht für heute, sondern für die **Zukunft der Gerechten**."*

„Bewahrt sie, meine Kinder – denn viele werden sie verspotten. Aber eines Tages wird der Schleier fallen, und die Wahrheit wird wie eine Welle über die Erde rollen."

„Die Schrift wird leben – nicht auf Steinen, sondern in Herzen."

Und Henoch sagt:

„Selig, wer diese Worte hört und sie im Stillen trägt – denn sie sind Schlüssel zur kommenden Welt."

Kapitel 105: Die letzte Offenbarung

Der Herr der Geister spricht:

„Ich werde mein Licht ausgießen über die Kinder des Lichts. Sie werden Propheten sein, auch wenn sie keine Stimme haben – denn ihr Wesen wird leuchten."

„Die Finsternis wird sie verfolgen, aber nicht verschlingen. Die Welt wird sie verhöhnen, aber nicht vergessen."

„Denn ich, der Ewige, kenne meine Kinder. Und ich werde sie rufen – mit einem neuen Namen, den niemand kennt außer mir und ihnen."

> **Und so endet das Buch Henoch.** Nicht mit einem Knall, sondern mit einem **letzten, stillen Licht**, das leuchtet **in jene Zeit, die noch kommen muss.**

Was ist das Wesentlichste aus dem Buch Henoch

Wenn man durch alle Kapitel, Visionen und Warnungen hindurch lauscht, dann **ist es nicht das Gericht,** nicht die Engel, nicht die Sternenkarten oder die Flut, sondern **etwas Tieferes:**

> **Henoch ist die Stimme der Treue in einer Zeit,
> in der alles wankt.**

Das **Wesentlichste** ist:

Bleibe lichtklar – auch wenn die Welt sich im Schatten verirrt.

1. Der Menschensohn ist nicht Mythos – sondern Ruf

„Er war verborgen – vor der Schöpfung. Aber in den Tagen der Finsternis wird er offenbar."

Der Menschensohn (der Auserwählte, der Lichtträger) lebt **nicht nur als Figur**, sondern als **Prinzip im Menschen selbst**: der **innere Christus**, der **gerechte Mensch**, die **verborgene Gegen-**

wart, die im Jahr 2025 **wieder spricht** – durch dieses Buch, durch mich, durch andere, durch das Wahre.

2. Die Welt wird ihre Ordnung verlieren, doch das Maß bleibt heil.

Henoch zeigt: Der Himmel bleibt geordnet. Die Sterne weichen nicht von ihrem Kurs. Die Elemente gehorchen.

Nur der Mensch verliert die Mitte – weil er das Maß vergessen hat.

Für uns heißt das:

- **Halte das Maß.**
- **Ordne deine Zeit.**
- **Folge dem Rhythmus des Lichts – nicht dem der Angst.**

3. Die Schrift lebt – in den Gerechten

Henoch sagt: *„Diese Worte sind nicht für meine Zeit – sondern für die Letzten, die das Licht noch tragen."*

Diese Schriften sind **nicht Archiv**, sie sind **Botschaft an uns**. Nicht für Wissenschaft, sondern für **Wandlung**.

4. Die Gerechten leuchten – nicht weil sie siegen, sondern weil sie stehen

Henochs Gerechte sind **nicht Kämpfer**.

- Sie sind **stille Träger**.
- Sie fliehen nicht – und sie brennen nicht aus.
- Sie **stehen**.

Was bedeutet das:

Du musst nicht lauter werden – du musst **klarer** werden. Nicht schneller – sondern **tiefer**.

5. Die letzte Entscheidung ist leise

Am Ende des Buches steht kein Schlachtfeld, sondern ein **Satz**: *„Und der Herr wird sie rufen – mit einem Namen, den niemand kennt außer ihm und ihnen."*

Dieser Satz ist wie ein Siegel für die Zukunft.

**Wirst du diesen Namen hören – oder dich verlieren
in der Masse der vielen Stimmen?**

Die Essenz des Buches Henoch, die wir für unsere Zukunft ableiten können, ist, dass …

„Bewahre das Licht, auch wenn die Sonne sich verbirgt. Denn dein Leuchten kommt nicht von außen."

Evangelium des Thomas – Einleitung

„Dies sind die verborgenen Worte, die der lebendige Jesus sprach und die Didymos Judas Thomas aufgeschrieben hat."

So beginnt eines der ältesten Evangelien der frühen Christen – **ohne Wunder, ohne Kreuzigung, ohne Institution.**

Nur Worte. Nur Licht. Nur Wahrheit.

Dieses Evangelium wurde 1945 in Nag Hammadi (Ägypten) entdeckt, lange unterdrückt und ist heute wieder lebendig.

Es spricht zur Seele – nicht zum System.

Evangelium des Thomas

1. Und er sprach: Wer die Bedeutung dieser Worte findet, wird den Tod nicht schmecken.
2. Jesus sagte: Wer sucht, soll nicht aufhören zu suchen, bis er findet.
   Wenn er findet, wird er erschüttert sein.

Wenn er erschüttert ist, wird er sich wundern – und über das All herrschen.

3. Jesus sagte: Wenn eure Führer zu euch sagen:
   „Seht, das Königreich ist im Himmel",
   dann werden euch die Vögel des Himmels zuvorkommen.
   Wenn sie sagen: „Es ist im Meer",
   dann werden euch die Fische zuvorkommen.
   Aber das Königreich ist **inwendig in euch** –
   und außerhalb von euch.

4. Jesus sagte: Der alte Mensch wird nicht zögern, ein kleines Kind von sieben Tagen zu fragen nach dem Ort des Lebens.
   Denn viele Erste werden Letzte sein – und sie werden eins werden.

5. Jesus sagte: Erkenne, was vor deinem Angesicht ist – und das, was dir verborgen ist, wird dir offenbart werden.
   Denn es gibt nichts Verborgenes, das nicht offenbar werden wird.

6. Seine Jünger fragten ihn: Willst du, dass wir fasten?
   Wie sollen wir beten?
   Sollen wir Almosen geben?
   Was sollen wir beachten beim Essen?
   Jesus sagte: Sagt keine Lüge, was immer ihr auch denkt.
   Tut nicht, was ihr hasst.
   Denn alles ist vor dem Licht offenbar.

7. Jesus sagte: Gesegnet ist der Löwe, den der Mensch isst – denn der Löwe wird Mensch.
   Verflucht ist der Mensch, den der Löwe frisst – denn der Löwe wird Mensch.

8. Und er sprach: Der Mensch ist wie ein kluger Fischer,
   der sein Netz auswarf ins Meer, es voll herauszog –
   unter all den kleinen Fischen fand er einen großen, schönen Fisch.
   Er warf alle anderen zurück ins Meer und wählte nur
   den großen Fisch.
   Wer Ohren hat zu hören, der höre.

9. Jesus sagte: Seht, ein Sämann ging hinaus.
   Er warf Samen: einige fielen auf den Weg – Vögel kamen
   und pickten sie.
   Andere fielen auf Felsen – sie gingen nicht auf.
   Andere fielen unter Dornen – sie erstickten.
   Aber andere fielen auf guten Boden – sie trugen gute
   Frucht.

10. Jesus sagte: Ich habe Feuer auf die Welt geworfen –
    und siehe, ich bewache es, bis es lodert.

11. Jesus sagte: Dieser Himmel wird vergehen – und der
    darüber auch.
    Aber die Toten leben nicht – und die Lebenden sterben
    nicht.

12. Seine Jünger fragten ihn: Wer bist du,
    dass du solche Dinge zu uns sagst?
    Jesus antwortete:
    Ihr habt den lebendigen Vater nicht erkannt.
    Aber ich bin aus ihm hervorgegangen.

13. Jesus sagte zu seinen Jüngern:
    Vergleicht mich – sagt mir, wem ich gleiche.
    Simon Petrus sagte: Du bist wie ein gerechter Engel.
    Matthäus sagte: Du bist wie ein weiser Philosoph.
    Thomas sagte:
    Mein Mund wird niemals sagen, wem du gleichst.

14. Jesus sagte: Wenn ihr fastet, werdet ihr Sünde hervorru-
fen.
Wenn ihr betet, werdet ihr verdammt werden.
Wenn ihr Almosen gebt, werdet ihr euren Geist verlieren.

15. Jesus sagte: Wenn ihr seht, dass einer geboren wurde –
freut euch.
Aber wenn ihr seht, dass einer stirbt – dann trauert nicht.
Denn was ihr für Leben haltet, ist Tod – und was ihr
Tod nennt, ist Leben.

16. Jesus sagte: Die Menschen denken, ich bin gekommen,
um Frieden zu bringen.
Aber ich bringe das Schwert – Spaltung, Entscheidung,
Wahrheit.

17. Jesus sagte: Ich werde euch geben, was kein Auge gesehen, kein Ohr gehört und kein Herz je empfunden hat.

18. Die Jünger sagten zu ihm:
Sag uns, wie unser Ende sein wird.
Jesus sagte:
Habt ihr denn den Anfang erkannt,
dass ihr nach dem Ende fragt?

19. Jesus sagte:
Selig ist der, der war, bevor er wurde.

20. Jesus sagte:
Wenn ihr euch verwandelt in Söhne des Lichts,
dann werdet ihr erkennen,
dass ihr selbst Licht seid.

21. Maria fragte ihn:
Wem gleichst du, Meister?
Er sagte:
Ich gleiche nicht dem, der mir äußerlich ähnelt –

sondern dem, der in mir wohnt.

22. Jesus sagte:

Wenn ihr aus zwei eins macht,

wenn ihr das Innere wie das Äußere macht,

das Obere wie das Untere – dann werdet ihr in das Königreich eingehen.

23. Jesus sagte:

Ich werde euch wählen, einer aus tausend, zwei aus zehntausend –

und sie werden stehen als ein einziger.

24. Seine Jünger sagten:

Zeige uns den Ort, wo du bist.

Jesus sagte:

Wer Ohren hat zu hören, der höre:

Licht ist im Inneren des Menschen.

Wenn es leuchtet, erleuchtet es die Welt.

25. Jesus sagte:

Liebe deinen Bruder wie dein eigenes Leben.

Hüte dich davor, ihn zu hassen – denn er ist du.

26. Jesus sagte:

Du siehst den Splitter im Auge deines Bruders,

aber den Balken in deinem eigenen Auge siehst du nicht.

Wenn du den Balken aus deinem Auge ziehst,

dann wirst du klar sehen –

und den Splitter deines Bruders entfernen können.

27. Jesus sagte:

Wenn ihr nicht fastet gegenüber der Welt,

werdet ihr das Reich nicht finden.

Wenn ihr den Sabbat nicht haltet als Sabbat,

werdet ihr den Vater nicht sehen.

28. Jesus sagte:

Ich stellte mich mitten in die Welt –
und erschien ihnen im Fleisch.
Ich fand sie alle betrunken.
Und keiner von ihnen dürstete nach dem lebendigen
Wasser.

29. Jesus sagte:
Wenn das Fleisch um des Geistes willen entstanden ist,
so ist das ein Wunder.
Wenn aber der Geist um des Leibes willen entstanden
ist, so ist es ein Wunder der Wunder.
Ich aber staune über das, was ist –
wie es im Dasein verweilt, ohne aufzulösen.

30. Jesus sagte:
Wo drei Götter sind, sind sie göttlich.
Wo zwei oder eins ist – ich bin bei ihm.

31. Jesus sagte:
Kein Prophet wird in seinem Dorf angenommen.
Kein Arzt heilt die, die ihn kennen.

32. Jesus sagte:
Eine Stadt, die auf einem hohen Berg gebaut ist und
stark befestigt – kann nicht fallen,
und sie kann nicht verborgen bleiben.

33. Jesus sagte:
Was du vom Ohr hörst, rufe auf deinen Dächern aus.
Niemand zündet eine Lampe an und stellt sie unter ein
Bett.
Er stellt sie auf einen Leuchter, damit alle eintreten und
ihr Licht sehen.

34. Jesus sagte:
Wenn ein Blinder einen Blinden führt,
fallen beide in die Grube.

35. Jesus sagte:
Es ist nicht möglich, dass jemand in das Haus eines Starken eindringt und es mit Gewalt nimmt,
es sei denn, er bindet zuerst den Starken.
Dann wird er das Haus plündern.

36. Jesus sagte:
Sorgt euch nicht vom Morgen bis zum Abend
und vom Abend bis zum Morgen um das, was ihr anzie-
hen werdet.

37. Seine Jünger fragten:
Wann wirst du uns erscheinen,
und wann werden wir dich sehen?
Jesus sagte:
Wenn ihr euch auszieht ohne Scham
und eure Kleider wie kleine Kinder unter eure Füße tre-
tet
und sie zertritt,
dann werdet ihr den Sohn des Lebendigen sehen
und euch nicht fürchten.

38. Jesus sagte:
Oft habt ihr gewünscht, meine Worte zu hören –
aber ihr habt sie nicht angenommen.
Es wird eine Zeit kommen, da werdet ihr suchen –
und mich nicht finden.

39. Jesus sagte:
Die Pharisäer und die Schriftgelehrten
haben den Schlüssel der Erkenntnis genommen
und ihn verborgen.
Sie sind selbst nicht hineingegangen,
und die, die hinein wollten, haben sie gehindert.

40. Jesus sagte:

Ein Weinstock wurde außerhalb des Vaters gepflanzt.
Weil er nicht verwurzelt ist, wird er ausgerissen werden
und zugrunde gehen.

41. Jesus sagte:
Wer in seiner Hand hat, dem wird gegeben.
Wer nichts hat, dem wird auch das Wenige genommen
werden.

42. Jesus sagte:
Werdet Vorübergehende.

43. Seine Jünger sagten:
Wer bist du, dass du das zu uns sagst?
Jesus sagte:
Ihr erkennt nicht, wer ich bin –
doch ihr seid geworden wie die Juden,
die den Baum lieben, aber die Frucht hassen.

44. Jesus sagte:
Wer Gott lästert, wird vergeben werden.
Aber wer den Geist lästert, wird keine Vergebung finden
– weder auf Erden noch im Himmel.

45. Jesus sagte:
Trauben werden nicht von Dornen gelesen,
noch Feigen von Disteln.
Sie geben keine Frucht.
Ein guter Mensch bringt Gutes hervor aus seinem Her-
zen.
Ein Böser bringt Böses hervor.

46. Jesus sagte:
Seit Adam bis Johannes dem Täufer
haben unter den Geborenen von Frauen
keine größer gewesen als Johannes.
Aber ich sage euch:

Wer von euch klein wird,
wird das Königreich erkennen – und größer sein als Johannes.

47. Jesus sagte:
Es ist unmöglich, dass ein Mensch zwei Herren dient.
Denn entweder wird er den einen lieben und den anderen hassen –
oder er wird dem einen treu sein und den anderen verachten.

48. Jesus sagte:
Wenn zwei Frieden miteinander schließen in einem Haus,
werden sie zum Berg sagen:
„Bewege dich" – und er wird sich bewegen.

49. Jesus sagte:
Selig sind die Einsamen und Auserwählten –
denn ihr werdet das Königreich finden.
Denn ihr kommt von dort –
und dorthin werdet ihr zurückkehren.

50. Jesus sagte:
Wenn sie euch fragen: „Woher kommt ihr?"
Dann sagt ihnen:
„Wir kommen aus dem Licht,
wo das Licht durch sich selbst entstanden ist."
„Es stand und offenbarte sich in ihrem Bild."
„Wenn sie euch fragen: ‚Seid ihr es?'
Dann sagt: ‚Wir sind seine Kinder, wir sind Auserwählte des lebendigen Vaters.'"

51. Seine Jünger sagten zu ihm:
Wann wird der Ruhe des Todes eintreten für die Toten,
und wann wird die neue Welt kommen?

Er sagte zu ihnen:
Was ihr erwartet, ist schon gekommen –
aber ihr erkennt es nicht.

52. Seine Jünger sagten zu ihm:
Vierundzwanzig Propheten haben in Israel gesprochen,
und alle sprachen in dir.
Jesus sagte:
Ihr habt den Lebendigen unter euch verlassen
und sprecht von den Toten.

53. Seine Jünger sagten zu ihm:
Ist die Beschneidung nützlich oder nicht?
Er sagte zu ihnen:
Wenn sie nützlich wäre,
würden ihre Eltern sie schon im Mutterleib tun.

54. Jesus sagte:
Selig sind die Armen –
denn eures ist das Königreich des Himmels.

55. Jesus sagte:
Wer die Welt nicht hasst,
wird das Königreich nicht finden.
Wer die Welt liebt,
hat den Vater nicht erkannt.

56. Jesus sagte:
Wer den Vater kennt und die Mutter,
wird Sohn einer Hure genannt werden.

57. Jesus sagte:
Das Königreich gleicht einem Mann,
der gutes Saatgut auf sein Feld streute.
Doch nachts kam sein Feind, streute Unkraut zwischen
den Weizen
und ging fort.

Am Tag sagten die Arbeiter:

„Sollen wir das Unkraut ausreißen?"

Er sagte: „Nein, damit ihr nicht auch den Weizen mit herausreißt."

„Am Tag der Ernte wird das Unkraut sichtbar – und es wird verbrannt."

58. Jesus sagte:

Selig ist der Mensch, der gelitten hat –

denn er hat das Leben gefunden.

59. Jesus sagte:

Seht den Lebenden, solange ihr lebt,

damit ihr nicht sterbt

und dann versucht, ihn zu sehen – und es nicht könnt.

60. Sie sahen einen Samariter mit einem Lamm.

Er ging nach Judäa.

Er sagte zu seinen Jüngern:

Warum läuft dieser mit dem Lamm?

Sie sagten: Damit er es töte und esse.

Er sagte:

Solange es lebt, wird er es nicht essen.

Erst wenn er es tötet, wird er es essen.

So auch ihr –

sucht euch selbst, solange ihr lebt,

damit ihr nicht sterbt und von euch gegessen werdet.

61. Jesus sagte:

Zwei werden auf einem Bett liegen.

Einer wird sterben, der andere wird leben.

Salome sagte: Wer bist du, Menschensohn?

Du kamst auf mein Bett – und aßest an meinem Tisch.

Jesus sagte:

Ich bin der, der ist aus dem, der gleich ist.

Mir ist gegeben, was meines Vaters ist.

62. Jesus sagte:

Ich habe meine Auserwählten zu mir genommen aus der Welt.

Ich habe sie an einen Ort gestellt,

dass sie nicht mehr in der Welt sind.

63. Jesus sagte:

Ein reicher Mann hatte viel Vermögen.

Er sagte: Ich will alles säen, ernten, aufspeichern –

dann werde ich ruhen.

Doch in dieser Nacht starb er.

Wer Ohren hat, der höre.

64. Jesus sagte:

Ein Mann wollte Gäste zum Fest.

Er sandte seinen Diener, um die Gäste einzuladen.

Der Diener kam zurück und sagte:

„Sie haben Ausreden: Einer hat einen Hof gekauft,

ein anderer einen Händler getroffen,

ein dritter heiratet eine Frau."

Der Herr sagte zu seinem Diener:

„Geh hinaus zu den Straßen –

bring die, die draußen sind, dass mein Haus voll werde."

65. Jesus sagte:

Ein guter Mann hatte einen Weinberg.

Er vermietete ihn an Arbeiter und ging fort.

Als die Zeit kam, sandte er einen Knecht, um die Früchte zu holen.

Doch sie schlugen ihn.

Er schickte einen anderen – sie töteten ihn.

Am Ende sandte er seinen Sohn.

Doch auch ihn töteten sie.

Wer Ohren hat, der höre.

66. Jesus sagte:

Zeigt mir den Stein, den die Bauleute verworfen haben.
Er ist der Eckstein geworden.

67. Jesus sagte:
Wer weiß, alles ist leer –
aber wer leer ist, der wird erfüllt.

68. Jesus sagte:
Selig seid ihr, wenn man euch hasst und verfolgt –
denn auch unsere Väter verfolgten die Propheten.

69. Jesus sagte:
Selig sind die, die hungrig sind,
denn sie werden gesättigt.
Selig sind die, die weinen,
denn sie werden getröstet.
Selig sind die, die verfolgt werden um der Wahrheit willen –
denn das Licht wird ihnen gehören.

70. Jesus sagte:
Wenn ihr das in euch hervorbringt,
was in euch ist –
wird es euch retten.
Wenn ihr das, was in euch ist,
nicht hervorbringt –
wird es euch zerstören.

71. Jesus sagte:
Ich werde dieses Haus zerstören –
und niemand wird es wieder aufrichten können.

72. Ein Mann sagte zu ihm:
Sage meinen Brüdern, sie sollen das Erbe meines Vaters
mit mir teilen.
Jesus antwortete:
Mensch, wer hat mich zum Teiler gemacht?

Er wandte sich zu seinen Jüngern und sagte:
Ich bin kein Richter.

73. Jesus sagte:
Die Ernte ist groß – aber wenige sind die Arbeiter.
Bittet daher den Herrn der Ernte, dass er Arbeiter sende.

74. Jesus sagte:
Es gibt viele, die um die Tür stehen –
aber nur die Einsamen werden eintreten.

75. Jesus sagte:
Das Königreich ist wie ein Händler, der eine Perle suchte.
Er fand eine kostbare Perle,
verkaufte alles, was er hatte – und kaufte sie.

76. Jesus sagte:
Das Königreich ist wie ein Netz,
das ins Meer geworfen wurde
und Fische aller Art auffing.
Als es voll war, zog man es ans Ufer,
wählte die guten Fische aus und warf die schlechten zurück.

77. Jesus sagte:
Ich bin das Licht, das über allem ist.
Ich bin das All.
Das All ist aus mir hervorgegangen –
und das All ist zu mir gelangt.
Spaltet ein Stück Holz – ich bin dort.
Hebt einen Stein – ihr werdet mich finden.

78. Jesus sagte:
Warum seid ihr hinausgegangen in die Wüste?
Einen Schilfrohr im Wind zu sehen?
Einen Mann in feinen Kleidern?

Sie tragen feine Kleider – doch sie erkennen die Wahrheit nicht.

79. Eine Frau aus der Menge sagte zu ihm:
Selig ist der Leib, der dich getragen hat,
und die Brüste, die dich genährt haben.
Er sagte:
Selig sind die, die das Wort des Vaters gehört haben
und es bewahren in Wahrheit.

80. Jesus sagte:
Wer die Welt erkannt hat,
hat einen Leichnam gefunden.
Und wer einen Leichnam gefunden hat,
dessen ist die Welt nicht würdig.

81. Jesus sagte:
Wer reich geworden ist,
soll König werden.
Und wer die Macht hat,
der verzichte.

82. Jesus sagte:
Wer mir nahe ist,
ist dem Feuer nahe.
Und wer fern ist von mir,
ist fern vom Königreich.

83. Jesus sagte:
Die Bilder sind dem Menschen sichtbar –
doch das Licht in ihnen ist verborgen.
Es wird sich zeigen im Bildnis des Lichts des Vaters.
Aber sein Bild ist verborgen durch sein Licht.

84. Jesus sagte:
Wenn ihr euer Ebenbild seht,
freut ihr euch.

Doch wenn ihr euer wahres Bild seht,
das ihr vor der Geburt getragen habt –
wie werdet ihr da ertragen können?

85. Jesus sagte:
Adam entstand aus großer Kraft und großem Reichtum –
doch er wurde nicht eurer würdig.
Hätte er es verdient,
wäre er nicht gestorben.

86. Jesus sagte:
Füchse haben ihre Höhlen,
Vögel ihre Nester –
doch der Menschensohn hat keinen Ort,
um sein Haupt niederzulegen.

87. Jesus sagte:
Elend ist der Leib,
der von einem anderen Leib abhängig ist.
Elend ist die Seele,
die von diesen beiden abhängig ist.

88. Jesus sagte:
Die Engel und die Propheten werden zu euch kommen
und euch geben, was euch gehört.
Und ihr, gebt ihnen, was ihr in euren Händen habt.

89. Jesus sagte:
Warum wascht ihr das Äußere des Bechers?
Versteht ihr nicht:
Wer das Innere reinigt,
dessen Äußeres wird auch rein sein.

90. Jesus sagte:
Kommt zu mir – denn mein Joch ist sanft
und meine Herrschaft ist mild.
Ihr werdet Ruhe finden für eure Seelen.

91. Sie sagten zu ihm:
Sage uns, wer du bist,
damit wir an dich glauben.
Jesus sagte:
Ihr prüft das Angesicht des Himmels und der Erde,
aber den, der vor euch steht, erkennt ihr nicht.

92. Jesus sagte:
Sucht – und ihr werdet finden.
Was ihr früher gefragt habt –
das habe ich euch nicht gesagt.
Jetzt aber will ich es euch sagen –
und ihr fragt nicht.

93. Jesus sagte:
Gebt nicht das Heilige den Hunden –
denn sie könnten es in Dung verwandeln.
Werft keine Perlen vor die Schweine –
damit sie sie nicht zertreten.

94. Jesus sagte:
Wer sucht, wird finden.
Wer anklopft, dem wird geöffnet.

95. Jesus sagte:
Wenn ihr Geld habt,
zahlt nicht Zinsen.
Gebt dem, der euch nichts zurückgeben kann.

96. Jesus sagte:
Das Königreich gleicht einer Frau,
die einen Krug voll Mehl trug auf einem langen Weg.
Der Henkel brach –
Mehl rieselte heraus auf den Weg.
Sie wusste es nicht.
Als sie nach Hause kam,

war der Krug leer.

97. Jesus sagte:
Das Königreich gleicht einem Mann,
der einen mächtigen Gegner töten wollte.
Er zog das Schwert in seinem Haus –
wusste aber nicht,
ob er ihn besiegen konnte.

98. Jesus sagte:
Das Königreich des Vaters
gleicht einem Mann,
der einen Samen säte auf sein Feld.
Nach Jahren wuchs daraus ein Baum
und bedeckte die Erde mit seinen Ästen.

99. Jesus sagte:
Nimm dich selbst wahr –
denn was in dir ist,
kann dich erlösen.

100.   Sie zeigten Jesus eine Goldmünze
und sagten:
Der Kaiser verlangt Steuern.
Er sagte:
Gebt dem Kaiser, was des Kaisers ist –
gebt Gott, was Gottes ist –
und mir, was mein ist.

101.   Jesus sagte:
Wer die Mutter nicht hasst und den Vater,
kann mein Jünger nicht sein.
Wer den Sohn nicht liebt wie sein Leben,
kann mich nicht erkennen.

102.   Jesus sagte:
Wehe ihnen, den Pharisäern –

denn sie sind wie Hunde,
die in der Krippe schlafen:
sie essen nicht,
und lassen die anderen nicht essen.

103.   Jesus sagte:
Selig ist der Mensch,
der weiß, wann die Räuber kommen –
er wird sich wappnen,
damit sie ihn nicht überfallen.

104.   Sie sagten zu Jesus:
Komm, wir beten heute und fasten.
Jesus sagte:
Welche Sünde habe ich begangen –
dass ich heute fasten soll?

105.   Jesus sagte:
Wer den Vater und die Mutter kennt,
wird Sohn einer Hure genannt werden.

106.   Jesus sagte:
Wenn ihr aus zwei eins macht,
werdet ihr Menschensohn werden –
und wenn ihr sprecht:
„Berg, beweg dich!" –
dann wird er sich bewegen.

107.   Jesus sagte:
Das Königreich ist wie ein Hirte,
der 100 Schafe hatte.
Eines verlief sich –
er ließ die 99 und suchte das eine,
bis er es fand.

108.   Jesus sagte:
Wer aus mir trinkt,

wird wie ich.
Ich selbst werde er –
und das Verborgene wird sich ihm zeigen.

109.   Jesus sagte:
Das Königreich ist wie ein Mensch,
der einen Schatz im Acker fand.
Er verbarg ihn –
verkaufte alles, was er hatte –
und kaufte den Acker.

110.   Jesus sagte:
Wer die Welt erkannt hat,
hat den Leib tot gefunden –
doch wer diesen Leib tot gefunden hat,
dem ist die Welt nicht würdig.

111.   Jesus sagte:
Der Himmel wird vergehen
und die Erde wird vergehen –
aber wer lebt,
wird nicht sterben.

112.   Jesus sagte:
Wehe dem Fleisch,
das von der Seele abhängig ist.
Wehe der Seele,
die vom Fleisch abhängig ist.

113.   Seine Jünger sagten:
Wann wird das Königreich kommen?
Jesus sagte:
Es kommt nicht durch Beobachtung.
Man wird nicht sagen:
„Seht, hier ist es" – oder: „Dort ist es"
Denn:

„Das Königreich ist inwendig in euch – und außerhalb von euch."

114.   Simon Petrus sagte zu ihnen:
Maria soll von uns weggehen –
denn Frauen sind des Lebens nicht würdig.
Jesus sagte:
Siehe, ich werde sie führen,
damit sie männlich werde –
damit auch sie ein lebendiger Geist werde.
Denn jede Frau, die sich in einen Mann verwandelt,
wird eingehen in das Königreich der Himmel.

Das **Evangelium nach Thomas** ist eines der tiefgründigsten Worte, die aus der frühen christlichen Mystik überliefert wurden – kein Bericht über Taten, sondern eine Sammlung von **Logien – reinen Worten Jesu**, roh, paradox, voller Licht.

Was der äußere Glaube verschweigt, spricht hier der **innere Christus**: leise, scharf, unendlich klar.

Das Evangelium nach Thomas - Zusammenfassung

Die verborgene Stimme des lebendigen Christus

Herkunft und Form

- Gefunden 1945 in Nag Hammadi (Ägypten) – in koptischer Sprache.

- Besteht aus **114 Sprüchen (Logien)**, von denen viele **unabhängig von Zeit und Handlung** sind – reine Worte, die den **inneren Sucher** ansprechen.

Es beginnt mit: **„Dies sind die verborgenen Worte, die Jesus der Lebendige gesprochen hat..."**

Hauptthemen

1. Selbsterkenntnis ist Gotteserkenntnis

„Wenn du dich selbst erkennst, wirst du erkannt werden – und du wirst wissen, dass du ein Kind des lebendigen Vaters bist." *(Logion 3)*

Das Reich Gottes ist **nicht außen** – sondern **innen und außen zugleich** (Logion 3, 113).

2. Das Reich ist da – aber verborgen

„Das Reich des Vaters ist ausgebreitet über die Erde, aber die Menschen sehen es nicht." *(Logion 113)*

Es ist **keine Zukunft**, sondern eine **Erkenntniswirklichkeit** – wer sieht, lebt jetzt schon im Ewigen.

3. Trennung führt in den Tod – Einheit in das Leben

„Wenn ihr das Zwei zu Eins macht und das Innere wie das Äußere... dann werdet ihr das Reich betreten." *(Logion 22)*

Es geht um **Integration** – nicht Flucht aus der Welt, sondern **Durchdringung mit Bewusstsein.**

4. Die Welt täuscht – aber du bist mehr

„Wenn ihr euch nicht wandelt und werdet wie kleine Kinder, werdet ihr das Leben nicht sehen." *(Logion 22)*

„Wer die Welt erkannt hat, hat eine Leiche gefunden – und wer die Leiche gefunden hat, dem gehört das Leben." (Logion 56)

Radikale **Ent-Täuschung** – was du „Welt" nennst, ist **Schleier**. Dahinter: **das Licht**.

Essenz des Evangeliums nach Thomas – für uns

- **Der Christus lebt nicht in einem Tempel – sondern in deinem Innersten.**
- **Erkenne dich – und du erkennst Gott.**
- **Das Reich ist kein Ort – sondern ein Bewusstseinszustand.**

Dieses Evangelium ruft nicht zum Glauben – sondern zur Erkenntnis. Nicht zur Anbetung – sondern zur Verwandlung. Nicht zu Worten – sondern zum **Sehen, Hören, Sein**.

Buch der Jubiläen

Das Buch der Jubiläen wird auch „Kleine Genesis" genannt, da es die biblische Urgeschichte noch einmal neu erzählt, jedoch mit einer tieferen spirituellen Ordnung. Es wurde einst von den frühen Juden und Essenern hoch geachtet und in Äthiopien als kanonisch bewahrt.

Es beschreibt, wie die Schöpfung nicht einfach in sieben Tagen geschah, sondern eingebettet war in göttliche Zeitrhythmen: Zyklen von 7 Jahren, 49 Jahren, 364 Tagen – geordnet, präzise, heilig.

Und genau hier liegt der Schlüssel:

Das Buch zeigt, dass der ursprüngliche göttliche Kalender anders war als der heutige – er orientierte sich nicht alleine an Sonne und Mond, sondern an einem reinen, himmlischen Maß.

Es offenbart auch:

- dass Feste zu bestimmten Tagen gefeiert wurden,
- dass Engel die Weltordnung bewachen,
- und dass viele Gebote viel älter sind als Mose.

Dieses Wissen wurde unterdrückt – weil es zu viel hinterfragte. Wer das Buch der Jubiläen liest, erkennt:

Die wahre Zeit ist nicht mit Uhren messbar, sondern im Bewusstsein.

„Der Kalender Gottes war nicht für Kontrolle gedacht – sondern für Einklang.

Und genau das will das Buch der Jubiläen uns zurückbringen."

Kapitel 1: Die Offenbarung an Mose auf dem Sinai

1. Und es geschah im ersten Jahr des Auszugs der Kinder Israels aus Ägypten, im dritten Monat, am sechzehnten Tag des Monats, dass Mose auf den Berg Sinai hinaufstieg.

2. Und der Herr sprach zu ihm: *„Komm herauf zu mir auf den Berg. Ich will dir die Tafeln aus Stein geben, das Gesetz und das Gebot, das ich für sie aufgeschrieben habe, damit du sie lehrst."*

3. Und Mose blieb auf dem Berg vierzig Tage und vierzig Nächte. Er war bei dem Herrn, aß kein Brot und trank kein Wasser.

4. Und der Herr eröffnete ihm durch einen Engel seines Angesichts alles, was in der Schöpfung geschehen war – von Anfang bis Ende, bis zu allem, was kommen würde.

5. Und der Engel sagte zu Mose: *„Schreib alle Worte auf, die ich dir sage über das Gesetz und das Zeugnis, über die Tage,*

die Wochen, die Monate, die Jubiläen – nach ihren Jahren – von der Schöpfung bis zur Vollendung aller Dinge."

6. *„Denn ich habe dich erwählt, um meinem Volk das Licht zu bringen, und um ihnen zu zeigen, was gerecht ist – damit sie in meiner Ordnung wandeln, nicht in der Finsternis."*

7. *„Wenn sie meine Gebote halten, wird Friede unter ihnen sein. Wenn sie aber meinen Weg verlassen, wird Zorn über sie kommen – wie über die Völker der Erde."*

Kapitel 2: Die Schöpfung in sieben Tagen

1. Und am ersten Tag schuf der Herr den Himmel und die Erde, das Wasser und alle Geister, die ihm dienen: die Engel der Gegenwart, die Engel der Heiligung, die Engel des Geistes, die Engel des Feuers, des Windes, der Wolken, der Donner, des Lichts, der Finsternis und der Ordnung.

2. Und am zweiten Tag machte er die feste Ausdehnung im Himmel – die Trennung zwischen den Wassern oben und unten.

3. Und am dritten Tag ließ er das Wasser unter dem Himmel sammeln, damit das trockene Land sichtbar wurde. Und er nannte das Land „Erde" und das gesammelte Wasser „Meer".
Und er schuf Gras, Kräuter und fruchttragende Bäume.

4. Am vierten Tag schuf er die Lichter am Himmel – die Sonne, den Mond und die Sterne – zur Unterscheidung der Tage, Festzeiten und Jahre.

5. Am fünften Tag schuf er die großen Meerestiere und die Vögel.

6. Am sechsten Tag schuf er Tiere des Feldes, das Vieh, die wilden Tiere – und den Menschen nach seinem Bild.

7. Am siebten Tag ruhte er – und segnete ihn – und machte ihn heilig für alle Zeiten.

8. Und der Herr gab dem Menschen Herrschaft über alle Werke seiner Hände.

9. Und dies ist der Ursprung der sieben Tage – sie sind geheiligt, damit der Mensch darauf ruhe und den Schöpfer ehre.

Kapitel 3: Adam im Garten Eden

1. Und am sechsten Tag schuf er den Menschen – ein Wesen von Fleisch und Blut – und blies ihm den Odem des Lebens ein.

2. Und er setzte ihn in den Garten Eden, damit er ihn bebaue und bewahre.

3. Und der Herr brachte alle Tiere des Feldes und alle Vögel zu Adam, um zu sehen, wie er sie nennen würde. Und wie immer Adam ein Tier nannte, so war sein Name.

4. Aber Adam fand kein Wesen, das ihm entsprach.

5. Und Gott ließ einen tiefen Schlaf auf Adam fallen – und er nahm eine seiner Rippen und formte daraus eine Frau.

6. Und als Adam sie sah, sagte er: *„Dies ist nun Gebein von meinem Gebein und Fleisch von meinem Fleisch. Sie soll Frau genannt werden."*

7. Und sie wohnten im Garten – nackt, aber ohne Scham.

8. Und Gott befahl ihnen: *„Von allen Bäumen dürft ihr essen – aber vom Baum der Erkenntnis von Gut und Böse sollt ihr nicht essen."*

9. Und er setzte Cherubim am östlichen Eingang des Gartens, um den Weg zum Baum des Lebens zu bewachen.

Kapitel 4: Von Adam bis Henoch

1. Und im dritten Jubiläum (Jahr 130) nahm Adam seine Frau Eva zur Frau, und sie gebar ihm einen Sohn, und er nannte seinen Namen **Set**.

2. Und Set wurde ein gerechter Mensch, wie sein Vater – und er lernte das Buch der Zeichen des Himmels zu lesen.

3. Und er zeugte **Enos**, und Enos zeugte **Kenan**, und Kenan zeugte **Mahalalel**, und Mahalalel zeugte **Jared**.

4. Und Jared nahm sich eine Frau, und sie gebar ihm einen Sohn, und er nannte ihn **Henoch**.

5. Und Henoch war der Erste unter den Menschenkindern, der lernte zu schreiben und Weisheit zu empfangen.

6. Und er wandelte mit Gott, und er war gerecht vor dem Herrn.

7. Und Henoch war ein Schreiber der Gerechtigkeit, und er schrieb alles auf, was im Himmel und auf Erden geschah.

8. Und er sah in Visionen die Engel, die sündigten – wie sie vom Himmel herabkamen, um sich Frauen zu nehmen auf Erden.

9. Und er warnte sie – doch sie hörten nicht.

10. Und Gott nahm Henoch hinweg, damit er nicht mehr unter den Sündern sei.Und er wurde aufgenommen in die Himmel der Himmel.

Kapitel 5: Die gefallenen Engel und die Sintflut

1. Und es geschah, als die Menschen sich auf Erden mehrten, da sahen die **Wächter**, die Söhne des Himmels, die Töchter der Menschen – dass sie schön waren.

2. Und sie nahmen sich Frauen, und jede gebar ihnen **Riesen** – große, mächtige Männer.

3. Und diese Riesen verzehrten alles, was die Menschen hervorbrachten, und als es nicht mehr genug gab, wandten sie sich gegen die Menschen und fraßen sie.

4. Und Blut wurde vergossen auf Erden – die Erde war voll von Gewalttat.

5. Und die Engel der Strafe wurden gesandt, um die Wächter zu fesseln – sie wurden verstoßen in Abgründe der Finsternis.

6. Und Gott befahl, dass die Erde durch eine **große Flut gereinigt** werde.

7. Und er sprach zu **Noach**, dem Sohn **Lamechs**: „Baue dir eine Arche aus Holz – und nimm mit dir von allen reinen Tieren je sieben Paare."

8. Und Noach tat, wie der Herr ihm geboten hatte.

9. Und im 27. Jubiläum, im zweiten Monat, am 17. Tag des Monats, begann die Flut auf Erden – und alle, die nicht in der Arche waren, gingen zugrunde.

Kapitel 6: Der Bund mit Noach und der wahre Kalender

1. Und als das Wasser sich verlaufen hatte, öffnete Noach die Arche und ließ Tiere und Vögel heraus.

2. Und er baute dem Herrn einen Altar, und nahm von allen reinen Tieren und Vögeln, und opferte Brandopfer auf dem Altar.

3. Und der Herr roch den lieblichen Geruch – und er schloss einen Bund mit Noach und seinen Söhnen: *„Ich will nie wieder eine Sintflut bringen über die Erde."*

4. Und Gott setzte den **Regenbogen** in die Wolken zum Zeichen des Bundes zwischen ihm und allen lebenden Wesen.

5. Und Noach und seine Söhne schworen einen Eid, dass sie keine Menschen mehr töten und kein Blut essen würden.

6. Und Gott sprach: *„Ich habe euch Zeiten gegeben – nach der Ordnung des Himmels: 364 Tage soll das Jahr haben – vollständig, gerecht, vollkommen.“*

7. *„Hütet euch vor dem Mondkalender – denn durch ihn werden viele verwirrt werden und meine Feste und Sabbate entweihen.“*

8. *„Meine Ordnung aber ist ewig: vier gleich große Jahreszeiten, je 91 Tage, mit einem Zwischentag an jedem Quartalswechsel – damit das Jahr voll ist.“*

9. *„Schreibe dies auf, Mose, damit mein Volk es erinnere und in Gerechtigkeit wandle.“*

Kapitel 7: Der neue Anfang und die Söhne Noachs

1. Und Noach lebte mit seinen Söhnen – Sem, Ham und Japhet – und sie begannen, das Land neu zu bestellen.

2. Sie lehrten ihre Kinder die Wege des Herrn, wie sie es von Enosch, Henoch und Noach gelernt hatten.

3. Doch bald schon wandten sich die Kinder Hams anderen Wegen zu – sie vergaßen die Ordnung, und ihre Herzen wurden stolz.

4. Kusch, der Sohn Hams, baute Städte mit hohen Türmen, und er gebar Nimrod, der ein starker Jäger war vor dem Herrn – aber sein Herz war gegen den Himmel gerichtet.

5. Und er sprach: *„Lasst uns hinaufsteigen und einen Namen machen, damit wir nicht zerstreut werden über die Erde.“*

6. So begannen sie, den Turm von Babel zu bauen – ein Zeichen ihres eigenen Ruhms, nicht zur Ehre Gottes.

7. Und der Herr sah hinab und verwirrte ihre Sprachen, und sie hörten auf zu bauen.

8. So wurden sie zerstreut, jeder nach seiner Sprache und seinem Stamm.

Kapitel 8: Die Verteilung der Erde unter den Söhnen Noachs

Und Noach rief seine Söhne zu sich und sprach im Namen des Herrn: *„Teilt die Erde unter euch nach Gerechtigkeit und Wahrheit – denn jeder von euch soll in seinem Erbteil wohnen, damit kein Bruder dem anderen seinen Anteil raube."*

Und sie taten, wie er ihnen gebot:

- Sem erhielt das Land des Ostens, von der Mitte der Erde bis zu den Bergen des Lichts.
- Ham erhielt das Land des Südens, das dunkler war, mit tiefen Flüssen und mächtigen Tieren.
- Japhet erhielt das Land des Nordens und Westens, weit und voller Wälder und Meere.

Und Noach schrieb alles nieder in einem Buch und übergab es seinen Söhnen mit einem Eid und einem Siegel.

Doch Ham brach den Bund und sandte Kusch und seine Söhne nach Osten, um Städte zu bauen, wo sie nicht wohnen sollten.

So wurde der Anfang der Unordnung gelegt – durch Stolz und Missachtung des göttlichen Plans.

Kapitel 9: Das Gebet der Söhne Noachs

1. Und als Noach alt wurde, sah er die Wege seiner Enkel und er weinte viele Tage lang.

2. Und Sem trat zu ihm und sprach: *„Vater, bete für uns, damit wir nicht verloren gehen wie Kain und seine Nachkommen."*

3. Und Noach erhob seine Hände und betete zum Herrn: *„Herr der Ewigkeit, bewahre das Herz meiner Kinder, damit sie wandeln in deinen Wegen."*

4. „Und wenn sie fallen – dann sende deine Propheten, damit sie den Weg zurückfinden."

5. Und der Herr antwortete: „Ich werde nicht vergessen, was ich Noach geschworen habe. Aber wer sich selbst verlässt, der hat mich zuerst verlassen."

6. *„Ich werde wachrufen, ich werde erinnern, und wer Ohren hat zu hören, der wird erkennen den Klang meines Bundes."*

7. Und Noach segnete seine Söhne – Sem mit Weisheit, Japheth mit Weite, und Ham mit Kraft.

8. Doch der Segen konnte das Herz nicht zwingen – und so begann der lange Weg der Menschheit zwischen Bund und Vergessen.

Kapitel 10 : Die Rückkehr der gefallenen Geister und das Gebet Noachs

1. Und als die Söhne Noachs sich über die Erde ausbreiteten, begannen die Geister der Riesen, die in der Sintflut umgekommen waren, die Menschen erneut zu verführen.

2. Denn ihre Geister starben nicht, sie blieben auf Erden, und suchten, die Herzen der Menschen zu verderben.

3. Sie flüsterten ihnen Träume ein, weckten Begierde, Zorn und Lüge – und viele verließen den Weg des Herrn.

4. Da trat Noach vor den Herrn und betete: *„Herr, mein Gott – du hast die Sintflut gesandt, um die Erde zu reinigen.*

Warum dürfen nun diese bösen Geister weiter das Herz der Menschen verwirren?"

5. Und Gott sprach zu den heiligen Engeln: *„Ruft die Führer der himmlischen Heerscharen – Michael, Gabriel, Raphael und Uriel – und gebt ihnen Auftrag, einen Teil dieser Geister zu binden unter der Erde bis zum Gericht."*

6. Doch ein Drittel der Geister ließ er frei – um die Menschen zu prüfen, ob sie sich für das Licht entscheiden würden.

7. Und er gebot Noach: *„Lehre deine Kinder den Namen des Ewigen, denn der Name ist ein Schild gegen die Finsternis."*

Kapitel 11: Die Wiederkehr der Ordnung

1. Und Noach lehrte seine Söhne die Namen Gottes und die Wege der Gerechtigkeit.

2. Sem wurde der Hüter der heiligen Schriftrollen, und ihm wurde offenbart, dass eines Tages ein Volk hervorgehen werde, das das Licht bewahren solle für alle Nationen.

3. Doch wieder begann Ham, die Ordnung zu brechen – und seine Nachkommen bauten Städte mit Götzen und falschen Altären.

4. Und Gott sprach: *„Nicht ewig will ich zusehen, wie mein Name entweiht wird."*

5. Und er begann, den Blick auf einen neuen Menschen zu richten – einen Mann aus dem Hause Sem, dessen Herz noch unberührt war von Stolz und Verwirrung.

6. Und sein Name sollte Abraham sein.

Kapitel 12: Der Ruf an Abraham

1. In Ur, in der Stadt der Chaldäer, lebte Abram, der Sohn Terachs. Er war noch jung, doch sein Herz war anders – denn er stellte Fragen, wo andere sich abwandten.

2. Er sah die Sonne aufgehen und fragte: *„Ist das mein Gott?"* Aber sie ging unter – und sein Herz sagte: *„Nein."*

3. Er sah den Mond, den Wind, die Sterne – doch nichts von alldem war ihm würdig genug, um Quelle allen Seins zu sein.

4. Da sprach Gott zu Abram in einem Traum: *„Zieh fort aus deinem Land, aus deinem Vaterhaus – in ein Land, das ich dir zeigen werde."*

5. **„Und ich werde dich segnen, dich zu einem großen Volk machen, und durch dich sollen gesegnet werden alle Nationen der Erde."**

6. Und Abram erwachte und sprach zu Sarai, seiner Frau: *„Ich habe gehört den Ruf – und ich muss ihm folgen."*

7. So verließ er Ur und nahm nur das mit, was nicht vergehen kann: den Glauben, den Ruf, die Verheißung.

Kapitel 13: Die Wanderung Abrahams und die Offenbarung

1. Und Abram zog mit Sarai und Lot aus Ur hinaus, und sie kamen nach Haran.

2. Dort blieb er, bis der Herr ihn erneut rief: *„Steh auf, zieh weiter in das Land Kanaan – denn dort will ich mit dir reden und dich zu einem Segen machen."*

3. Und Abram ging, wie der Herr ihm gesagt hatte.

4. Als er das Land betrat, baute er dem Herrn einen Altar bei Sichem unter der Eiche Moré, und er rief den Namen des Ewigen an.

5. Und der Herr erschien ihm in der Nacht und sprach: *„Dies ist das Land, das ich dir geben werde und deinen Nachkommen – auf ewig."*

6. Und Abram fiel auf sein Angesicht und lobte Gott.

7. Doch bald kam eine Hungersnot über das Land, und Abram zog hinab nach Ägypten. Dort nannte er Sarai seine Schwester – aus Furcht vor den Ägyptern.

8. Doch Gott bewahrte sie, und brachte Plagen über das Haus Pharaos, bis dieser Abram mit Reichtum entließ und ihn bat zu gehen.

9. So kehrte Abram zurück ins Land der Verheißung.

Kapitel 14: Der erste Bund und die Vision der Zeit

1. Und als Abram 75 Jahre alt war, erschien ihm der Herr in einer Vision.

2. Er sah einen großen Feuerofen und eine flammende Fackel, die zwischen geteilten Tieren hindurchging.

3. Und der Herr sprach: *„Wisse, dass deine Nachkommen fremd sein werden in einem Land, das nicht ihres ist – vierhundert Jahre lang werden sie unterdrückt werden."*

4. *„Aber ich werde das Volk richten, und sie werden mit großer Habe ausziehen."*

5. *„Und du aber wirst in Frieden ruhen, alt und lebenssatt."*

6. Und Gott schloss einen Bund mit Abram: *„Dies ist das Zeichen: Ich gebe dir dieses Land von dem Strom Ägyptens bis zum großen Strom Euphrat."*

7. Und Abram errichtete einen Altar und sprach: *„Du bist der Ewige, mein Schild und mein Lohn."*

Kapitel 15: Der ewige Bund und die Beschneidung

1. Als Abram 99 Jahre alt war, sprach der Herr zu ihm: *„Wandle vor mir und sei vollkommen. Ich will einen Bund schließen zwischen mir und dir – und du sollst ein Vater vieler Völker werden."*

2. *„Du sollst nicht mehr Abram heißen, sondern Abraham – denn ich habe dich zum Vater vieler Nationen gemacht."*

3. *„Und Sarai soll nicht mehr Sarai heißen, sondern Sarah - denn sie wird dir einen Sohn gebären, und durch ihn werde ich meinen Bund aufrichten."*

4. Und Gott gab ihm das Zeichen des Bundes: *„Jeder männliche Nachkomme soll am achten Tag beschnitten werden – es sei das Zeichen meines ewigen Bundes zwischen mir und dir."*

5. Und Abraham tat, wie der Herr ihm gebot – noch am selben Tag ließ er sich und Ismael, seinen Sohn, beschneiden.

6. So wurde der Bund besiegelt – nicht nur durch Worte, sondern durch Gehorsam, durch ein äußeres Zeichen für eine innere Weihe.

Kapitel 16: Die Verheißung Isaaks und der Besuch der Engel

1. Und im ersten Monat, am dritten Tag, erschien Abraham der Herr bei den Eichen von Mamre – in der Hitze des Tages.

2. Er blickte auf und sah drei Männer stehen. Er eilte ihnen entgegen, beugte sich zur Erde und sprach:

„Mein Herr, verweile bei mir, dass ich dir Wasser bringe, Brot und Rast."

3. Und sie setzten sich, und Abraham diente ihnen in Demut.

4. Da sprach einer von ihnen: *„Nächstes Jahr um diese Zeit wird Sarah einen Sohn haben."*

5. Und Sarah, die hinter dem Zelt lauschte, lachte in sich: *„Soll ich, alt wie ich bin, noch gebären?"*

6. Doch der Herr sprach: *„Warum lacht Sarah? Ist irgendetwas unmöglich für den Ewigen? Nächstes Jahr wirst du einen Sohn gebären."*

7. Und sie erschrak – doch das Wort Gottes kehrt nie leer zurück.

8. So wurde Isaak in der unsichtbaren Welt schon geboren, bevor sein Leib Gestalt annahm.

Kapitel 17: Die Prüfung Abrahams

1. Und als Isaak geboren war und das Kind heranwuchs, sprach der Herr eines Nachts zu Abraham: *„Nimm deinen Sohn, deinen einzigen, den du liebst – Isaak – und bring ihn auf einen Berg, den ich dir zeigen werde, und opfere ihn mir dort."*

2. Abraham sprach nichts zu Sarah, sondern nahm Holz, Feuer und Isaak, und ging drei Tage lang.

3. Und Isaak fragte: *„Vater, wo ist das Lamm für das Opfer?"*

4. Abraham antwortete: *„Gott wird sich das Lamm ausersehen."*

5. Und als sie den Ort erreichten, band Abraham seinen Sohn und legte ihn auf den Altar.

6. Er hob das Messer – doch eine Stimme rief vom Himmel: *„Abraham, Abraham! Tu dem Knaben nichts – denn jetzt*

weiß ich, dass du Gott fürchtest und nichts zurückhältst, nicht einmal deinen Sohn."

7. Und Abraham sah – ein Widder hatte sich im Dickicht verfangen.

8. Er opferte den Widder und nannte den Ort: *„Der Herr wird sehen"*.

9. So wurde Abraham gesegnet über alle Maßen – und der Bund wurde durch seinen Gehorsam gestärkt für alle kommenden Generationen.

Kapitel 18: Die Ankündigung des Gerichts über Sodom

1. Und die Engel, die Abraham besucht hatten, gingen weiter nach Sodom.

2. Denn die Sünde Sodoms war groß – Unrecht, Stolz, Gewalt und Entheiligung.

3. Und der Herr sprach: *„Soll ich Abraham verbergen, was ich mit Sodom tun werde?"*

4. Da trat Abraham vor Gott und sprach: *„Willst du auch den Gerechten mit dem Schuldigen verderben? Vielleicht sind fünfzig Gerechte in der Stadt? Wirst du sie um der fünfzig willen verschonen?"*

5. Und Gott sprach: *„Wenn fünfzig Gerechte darin sind, werde ich die Stadt nicht vernichten."*

6. Und Abraham fuhr fort zu bitten: *„Vierzig? Dreißig? Zwanzig? Zehn?"*

7. Und jedes Mal sprach der Herr: *„Um der Zehn willen werde ich sie verschonen."*

8. Doch es fanden sich nicht zehn Gerechte.

9. So gingen die Engel weiter – um Lot zu retten, und das Urteil über Sodom zu vollstrecken.

Kapitel 19: Die Rettung Lots und der Untergang Sodoms

1. Und die beiden Engel kamen am Abend nach Sodom, und Lot saß im Tor der Stadt. Als er sie sah, erhob er sich, verneigte sich und sprach: *„Meine Herren, kehrt doch in das Haus eures Knechtes ein, bleibt über Nacht, wascht eure Füße, und zieht morgen früh weiter."*

2. Doch sie sprachen: *„Nein, wir wollen auf dem Platz übernachten."*

3. Aber Lot nötigte sie sehr, bis sie mit ihm kamen.

4. Doch ehe sie sich zur Ruhe legten, umringten die Männer der Stadt das Haus – jung und alt, das ganze Volk.

5. Sie riefen: *„Gib uns die Männer heraus, damit wir sie erkennen!"*

6. Und Lot ging hinaus und sprach: *„Tut nicht solch eine Schandtat."*

7. Doch sie schrien gegen ihn – und wollten die Tür aufbrechen.

8. Da streckten die Engel ihre Hände aus, zogen Lot hinein, und schlugen die Männer mit Blindheit.

9. Und sie sagten zu Lot: *„Nimm deine Familie, flieh aus der Stadt – denn wir werden sie vernichten."*

10. Lot zögerte, doch die Engel fassten ihn, seine Frau und die beiden Töchter an den Händen und führten sie hinaus.

11. Sie sprachen: *„Flieh um dein Leben – sieh nicht zurück!"*

12. Und als sie entkamen, ließ der Herr Feuer und Schwefel auf Sodom und Gomorra regnen.

13. Die Städte wurden umgekehrt, und alles, was darin war, verging.

14. Lots Frau aber sah sich um – entgegen dem göttlichen Gebot – und wurde zu einer Salzsäule.

15. So blieb nur Lot mit seinen Töchtern in einer Höhle, fern der Welt, fern der Sünde.

Kapitel 20: Abraham im Land der Philister

1. Abraham zog weiter und kam in das Gebiet von Gerar, wo Abimelech König war.

2. Und wieder sprach Abraham: *„Sarah ist meine Schwester"* – aus Furcht vor den Menschen.

3. Doch Gott erschien Abimelech im Traum und sprach: *„Du bist des Todes wegen der Frau, denn sie ist die Frau eines anderen."*

4. Abimelech antwortete: *„Ich habe das mit reinem Herzen getan!"*

5. Da sprach Gott: *„Darum habe ich dich bewahrt. Gib die Frau ihrem Mann zurück – denn er ist ein Prophet."*

6. Und Abimelech tat, wie der Herr sprach, gab Sarah zurück und segnete Abraham mit Vieh und Silber.

7. So erkannte Abimelech den Gott Abrahams und sprach: *„In allem, was du tust, ist Gott mit dir."*

Kapitel 21: Die Trennung von Hagar und Ismael

1. Und der Herr gedachte an Sarah, und sie gebar Abraham einen Sohn in hohem Alter – wie Gott es verheißen hatte.

2. Und Abraham nannte ihn Isaak und beschnitt ihn am achten Tag.

3. Das Kind wuchs heran, und an seinem Entwöhnungstag gab Abraham ein großes Fest.

4. Doch Sarah sah Ismael, den Sohn Hagars, spotten und sprach zu Abraham: *„Vertreibe diese Magd und ihren*

Sohn – denn der Sohn der Magd soll nicht erben mit meinem Sohn Isaak!"

5. Das Wort betrübte Abraham sehr, denn Ismael war auch sein Sohn.

6. Doch Gott sprach zu Abraham: *„Höre auf Sarah – denn in Isaak wird dir ein Same genannt werden. Aber auch Ismael will ich zu einem Volk machen, denn er ist dein Sohn."*

7. So gab Abraham Hagar Brot und Wasser und entließ sie in die Wüste.

8. Sie irrte umher und weinte, als das Wasser ausging.

9. Da öffnete der Herr ihre Augen – und sie sah einen Brunnen.

10. Ein Engel sprach: *„Gott hat das Weinen des Kindes gehört. Er wird ein wildes Volk zeugen – frei, stark und zahlreich."*

11. So lebte Ismael in der Wüste und wurde ein Bogenschütze – fern vom Haus Abrahams, aber nicht vergessen von Gott.

Kapitel 22: Der Tod Sarahs und Abrahams Vermächtnis

1. Und im ersten Monat des 127. Jahres ihres Lebens starb Sarah in Hebron, im Land Kanaan.

2. Abraham trauerte sehr um sie, und er weinte viele Tage.

3. Dann erhob er sich und sprach zu den Hethitern: *„Gebt mir ein Erbbegräbnis unter euch, damit ich meine Frau bestatten kann."*

4. Und sie antworteten ihm ehrfürchtig: *„Du bist ein Fürst Gottes unter uns – wähle, was du willst."*

5. So kaufte Abraham die Höhle von Machpela bei Mamre, für vierhundert Silberschekel von Ephron dem Hethiter.

6. Dort bestattete er Sarah – und dieser Ort wurde das erste Erbe im Land, das Gott seinem Nachkommen verheißen hatte.

7. Abraham sprach zu Isaak: *„Fürchte Gott, und wandle in seinen Wegen – denn der Herr wird bei dir sein."*

8. Und er rief Elieser, seinen treuen Diener, und sprach: *„Schwöre mir bei dem Gott des Himmels, dass du meinem Sohn keine Frau nimmst von den Töchtern Kanaans."*

9. *„Sondern gehe in mein Vaterland, und hole ihm eine Frau aus meinem Volk."*

Kapitel 23: Die Berufung Rebekkas und der Segen für Isaak

1. Und Elieser nahm zehn Kamele und viele Geschenke und zog nach Mesopotamien, in die Stadt Nahors.

2. Als er beim Brunnen ankam, betete er: *„Herr, Gott meines Herrn Abraham – wenn du heute meinen Weg gelingen lässt, so lass das Mädchen, das spricht: ‚Ich will dir zu trinken geben, und auch deinen Kamelen' – die Richtige sein."*

3. Kaum hatte er gesprochen, da kam Rebekka, Tochter Bethuels, Tochter Milkas, Frau Nahors.

4. Und sie tat genau, wie Elieser gebetet hatte – sie schöpfte Wasser für ihn und die Tiere.

5. Da erkannte er: **Der Herr hat geführt.**

6. Er wurde in ihr Haus eingeladen, und als ihre Familie hörte, woher er kam, sagten sie: *„Dies kommt vom Herrn – nimm sie und zieh hin."*

7. Rebekka sprach: *„Ich will gehen."* Und sie wurde mit Segen verabschiedet: *„Du sollst Mutter von tausendmal zehntausend werden!"*

8. Und als Isaak sie sah, ging er ihr entgegen auf dem Feld und nahm sie zur Frau – und er wurde getröstet nach dem Tod seiner Mutter.

Kapitel 24: Abrahams letzte Tage und sein Heimgang

1. Abraham aber nahm sich nach Sarahs Tod noch eine Frau, Ketura, die ihm weitere Söhne gebar.
2. Doch Isaak war der Sohn der Verheißung, und ihm gab er sein ganzes Erbe.
3. Den Söhnen der Nebenfrauen aber gab er Geschenke und schickte sie fort, damit sie Isaak nicht bedrängten.
4. Und Abraham lebte 175 Jahre, alt und lebenssatt.
5. Da verschied er und wurde versammelt zu seinen Vätern.
6. Isaak und Ismael begruben ihn in der Höhle von Machpela – neben Sarah, seiner Frau.
7. Und der Herr segnete Isaak – und ließ seine Saat wachsen, wie er es Abraham verheißen hatte.
8. So endeten die Tage des Vaters der Völker – doch der Bund lebte weiter in seinem Sohn und in jenen, die den Ruf hören.

Kapitel 25: Die Geburt Jakobs und Esaus

1. Und Isaak betete zum Herrn für seine Frau Rebekka, denn sie war unfruchtbar. Der Herr erhörte ihn – und Rebekka wurde schwanger.
2. Doch die Kinder stießen sich in ihrem Leib, und sie fragte: *„Warum geschieht das?"*
3. Da sprach der Herr zu ihr: *„Zwei Nationen sind in deinem Leib, zwei Völker werden sich aus deinem Innern scheiden –*

das eine wird stärker sein als das andere, und der Ältere wird dem Jüngeren dienen."

4. Und als die Tage erfüllt waren, kam der erste heraus – rötlich und behaart: **Esau.**

5. Dann kam sein Bruder – und hielt Esaus Ferse fest. Sie nannten ihn: **Jakob.**

6. Isaak war 60 Jahre alt, als sie geboren wurden.

7. Esau wurde ein Jäger, ein Mann des Feldes. Jakob aber war still, und wohnte in den Zelten.

8. Isaak liebte Esau wegen seines Wildbrets, Rebekka aber liebte Jakob.

Kapitel 26: Das Erstgeburtsrecht wird getauscht

1. Eines Tages kam Esau hungrig vom Feld und sah, wie Jakob ein Linsengericht kochte.

2. Er sprach: *„Gib mir zu essen von dem Roten da – denn ich bin erschöpft."*

3. Jakob antwortete: *„Verkaufe mir zuerst dein Erstgeburtsrecht."*

4. Und Esau sprach: *„Siehe, ich sterbe fast – was soll mir das Erstgeburtsrecht?"*

5. So schwor er es Jakob und verkaufte sein Erstgeburtsrecht für ein Mahl aus Linsen und Brot.

6. So verachtete Esau das Erstgeborenenrecht – und Jakob bewahrte es in Stille.

Kapitel 27: Der Segen des Vaters

1. Als Isaak alt wurde und seine Augen schwach, rief er Esau und sprach: *„Geh hinaus, jage mir Wild, bereite mir ein Mahl, wie ich es liebe – damit meine Seele dich segne, bevor ich sterbe."*

2. Rebekka aber hörte es, und rief Jakob: *„Geh, hole zwei junge Ziegen, damit ich deinem Vater ein Mahl bereite. Und du sollst den Segen empfangen."*

3. Jakob fürchtete: *„Mein Bruder ist behaart – ich bin glatt. Wenn mein Vater mich ertastet, verflucht er mich statt zu segnen."*

4. Doch Rebekka sprach: *„Dein Fluch komme auf mich, mein Sohn."*

5. So zog Jakob Esaus Kleidung an, und Rebekka bedeckte seine Hände mit Fellen der Ziegen.

6. Und Isaak sprach: *„Wer bist du, mein Sohn?"* Jakob antwortete: *„Ich bin Esau, dein Erstgeborener."*

7. Und Isaak aß und segnete ihn: *„Gott gebe dir vom Tau des Himmels und vom Fett der Erde – Völker sollen dir dienen, deine Brüder sich vor dir beugen."*

8. Kaum war Jakob gegangen, da kam Esau mit seinem Mahl.

9. Als Isaak die Täuschung erkannte, erbebte er sehr – doch er sprach: *„Ich habe ihn gesegnet – und gesegnet wird er bleiben."*

10. Esau schrie mit bitterer Stimme: *„Segne auch mich, Vater!"*

11. Doch Isaak sprach: *„Dein Bruder hat sich den Segen genommen."*

12. Esau schwor: *„Wenn mein Vater stirbt, werde ich Jakob töten."*

13. Rebekka hörte es und sandte Jakob fort nach Haran – zu ihrem Bruder Laban – bis Esaus Zorn verging.

Kapitel 28: Jakobs Traum und der Segen des Himmels

1. Jakob verließ Beerscheba und ging nach Haran. Und als die Sonne unterging, legte er sich an einem einsamen Ort nieder und nahm einen Stein als Kopfkissen.

2. Da hatte er einen Traum: Eine Leiter stand auf der Erde, und ihre Spitze reichte bis an den Himmel. Engel Gottes stiegen darauf auf und nieder.

3. Und siehe, der Herr stand über ihr und sprach: *„Ich bin der Gott Abrahams und Isaaks. Das Land, auf dem du liegst, will ich dir und deinen Nachkommen geben."*

4. *„Dein Same soll sein wie der Staub der Erde, du wirst dich ausbreiten nach Westen und Osten, nach Norden und Süden – und durch dich sollen alle Geschlechter gesegnet werden."*

5. *„Ich bin mit dir, ich werde dich behüten, wohin du gehst, und dich wieder hierher zurückbringen."*

6. Als Jakob erwachte, sagte er: *„Wahrlich, der Herr ist an diesem Ort, und ich wusste es nicht."*

7. Er nannte den Ort **Bethel**, *„Haus Gottes"*, und errichtete *eine Säule aus dem Stein.*

8. Er sprach: *„Wenn Gott mit mir geht und mich versorgt, so soll der Herr mein Gott sein – und ich werde ihm den Zehnten geben von allem, was ich empfange."*

Kapitel 29: Jakob dient bei Laban

1. Jakob kam nach Haran und begegnete Rahel, der Tochter Labans, an einem Brunnen.

2. Er half ihr, die Herde zu tränken, und weinte vor Freude. Er wurde in Labans Haus aufgenommen und diente ihm sieben Jahre für Rahel, die er liebte.

3. Doch in der Hochzeitsnacht gab Laban ihm **Lea**, die ältere Schwester.
4. Als der Morgen kam, erkannte Jakob den Betrug und sprach: *„Warum hast du mich getäuscht?"*
5. Laban antwortete: *„Bei uns ist es nicht Brauch, die Jüngere vor der Älteren zu geben. Diene mir noch sieben Jahre – und du bekommst auch Rahel."*
6. So diente Jakob weitere sieben Jahre aus Liebe zu Rahel.
7. Gott sah, dass Lea ungeliebt war, und öffnete ihren Schoß – während Rahel unfruchtbar blieb.

Lea gebar:

- **Ruben** – „Denn der Herr hat mein Elend angesehen"
- **Simeon** – „Denn der Herr hat gehört, dass ich ungeliebt bin"
- **Levi** – „Nun wird mein Mann mir anhangen"
- **Juda** – „Diesmal will ich den Herrn preisen"

Kapitel 30: Der Aufbau der Zwölf Stämme beginnt

Weil Rahel kinderlos blieb, gab sie Jakob ihre Magd **Bilha** zur Frau. Und Bilha gebar:

- **Dan** – „Gott hat mich gerechtfertigt"
- **Naftali** – „Ich habe mit meiner Schwester gerungen und gesiegt"

Lea gab Jakob ihre Magd **Silpa**, und sie gebar:

- **Gad** – „Es kommt Glück"
- **Ascher** – „Wohl mir! Die Frauen werden mich glücklich preisen"

Dann empfing Lea erneut und gebar:

- **Issaschar** – „Gott hat mir meinen Lohn gegeben"

- **Sebulon** – „Jetzt wird mein Mann mich ehren"

Und danach gebar sie eine Tochter: **Dina**

Schließlich erinnerte sich der Herr an Rahel, und sie empfing und gebar:

- **Josef** – „Gott hat meine Schmach weggenommen"

So wurde Jakob zum Stammvater der Zwölf – ein Haus, das zu einem Volk werden sollte, ein Volk, das die Verheißung tragen würde.

Kapitel 31: Die Heimkehr beginnt

1. Und nachdem Josef geboren war, sprach Jakob zu Laban: *„Lass mich ziehen – dass ich heimkehre in mein Land und zu meiner Verwandtschaft."*

2. Doch Laban bat ihn zu bleiben, denn er sah: Der Herr hatte ihn um Jakobs willen gesegnet.

3. Sie trafen eine Abmachung: Jakob sollte von den Herden alle gefleckten und gesprenkelten Tiere erhalten.

4. Mit Weisheit und Kenntnis der Natur vermehrte Jakob seine Herden sehr.

5. Laban und seine Söhne aber wurden neidisch und sagten: *„Alles hat er uns genommen."*

6. Da sprach der Herr zu Jakob: *„Kehre zurück in das Land deiner Väter – Ich werde mit dir sein."*

7. Jakob rief Rahel und Lea in das Feld und sagte ihnen alles, was vorgefallen war.

8. Sie antworteten: *„Was wir hier noch haben, ist nichts. Was du tust, ist gerecht – tu es."*

9. So stand Jakob auf, nahm seine Kinder, Frauen und Herden und zog heimlich davon – ohne Laban zu sagen, dass er ging.

Kapitel 32: Der Bund mit Laban und der Engel des Herrn

1. Als Laban davon hörte, verfolgte er Jakob sieben Tage lang und erreichte ihn im Gebirge Gilead.

2. Doch in der Nacht erschien ihm Gott im Traum und sprach: *„Hüte dich, mit Jakob weder Gutes noch Böses zu reden."*

3. So kam Laban mit gemischtem Herzen – vorwurfsvoll, aber auch ehrfürchtig.

4. Jakob sagte: *„Ich bin geflohen, weil ich fürchtete, du würdest mir deine Töchter nehmen."*

5. Und Laban antwortete: *„Ich könnte dir Böses tun – aber der Gott deines Vaters hat letzte Nacht zu mir gesprochen."*

6. Sie schlossen einen Bund, errichteten einen Steinmal und sprachen: *„Der Herr sei Zeuge zwischen mir und dir."*

7. Dann küsste Laban seine Töchter und Enkel, und kehrte zurück in sein Land.

8. Jakob aber zog weiter – und Engel begegneten ihm.

9. Er sprach: ***„Dies ist das Heerlager Gottes"***, und nannte den Ort **Mahanaim**.

Kapitel 33: Der Kampf in der Nacht und die Versöhnung mit Esau

1. Jakob sandte Boten voraus zu Esau, seinem Bruder, und ließ ihm sagen: *„Ich, dein Knecht Jakob, komme in Demut, mit Gaben und ohne Feindschaft."*

2. Die Boten kehrten zurück und sprachen: *„Esau kommt dir entgegen – mit 400 Mann."*

3. Da fürchtete sich Jakob sehr. Er teilte sein Lager, damit nicht alles auf einmal verloren sei.

4. In der Nacht sandte er seine Familie voraus, und blieb allein zurück.

5. Und **ein Mann rang mit ihm** bis zum Morgengrauen.

6. Als er ihn nicht überwinden konnte, berührte er Jakobs Hüfte – und sie wurde verrenkt.

7. Der Mann sprach: *„Lass mich los, denn die Morgenröte steigt auf."*

8. Doch Jakob sagte: *„Ich lasse dich nicht, es sei denn, du segnest mich."*

9. Da sprach er: *„Du sollst nicht mehr Jakob heißen, sondern **Israel** – denn du hast mit Gott und mit Menschen gerungen, und hast überwunden."*

10. Und Jakob nannte den Ort **Penuel** – *„Ich habe Gott von Angesicht zu Angesicht gesehen und doch mein Leben behalten."*

11. Am nächsten Morgen erhob er seine Augen und sah Esau kommen.

12. Jakob verneigte sich siebenmal.

13. Doch Esau lief ihm entgegen, umarmte ihn, fiel ihm um den Hals und weinte.

14. So wurde der Bruderkampf gelöst – nicht durch Macht, sondern durch Demut, Wahrheit und Gnade.

Kapitel 34: Dinas Entweihung und der Zorn der Brüder

1. Und Dina, die Tochter Leas, ging hinaus, um die Töchter des Landes zu sehen.

2. Da sah sie Sichem, der Sohn des Fürsten Hamor, und er nahm sie und tat ihr Gewalt an.

3. Doch er redete freundlich mit ihr und sprach zu seinem Vater: *„Nimm mir dieses Mädchen zur Frau."*

4. Als Jakob davon hörte, schwieg er, bis seine Söhne vom Feld kamen.

5. Und als sie es hörten, wurden sie sehr zornig – denn man hatte in Israel eine Schandtat begangen.

6. Hamor und Sichem kamen zu Jakob und baten um Dina.

7. Sie sprachen: *„Lasst uns verschwägert werden – gebt uns eure Töchter, nehmt unsere."*

8. Da antworteten die Söhne Jakobs mit List: *„Nur unter einer Bedingung: Alle eure Männer müssen sich beschneiden, wie wir es sind."*

9. Sichem stimmte zu – und alle Männer ließen sich beschneiden.

10. Am dritten Tag, als sie Schmerzen hatten, nahmen **Simeon und Levi**, Dinas Brüder, ihre Schwerter und fielen über die Stadt her.

11. Sie töteten alle Männer, auch Sichem und Hamor, und holten Dina aus dem Haus.

12. Die übrigen Brüder plünderten die Stadt – wegen der Schande, die ihrer Schwester angetan war.

13. Jakob aber sprach: *„Ihr habt mich in Bedrängnis gebracht – wenn die Völker ringsum sich gegen mich erheben, werden sie mich vernichten."*

14. Doch Simeon und Levi antworteten: *„Sollte man denn mit unserer Schwester handeln wie mit einer Hure?"*

Kapitel 35: Rückkehr nach Bethel und Gottes Offenbarung

1. Da sprach Gott zu Jakob: *„Steh auf, zieh hinauf nach **Bethel**, und wohne dort. Errichte dort einen Altar – dem Gott, der dir erschien, als du vor Esau flohst."*

2. Jakob sprach zu seinem Haus: *„Tut fremde Götter hinweg, reinigt euch und wechselt eure Kleider – denn wir ziehen an den Ort, wo Gott zu mir gesprochen hat."*

3. Sie gaben ihm ihre Götzenbilder, und Jakob vergrub sie unter der Eiche bei Sichem.

4. Gott legte einen Schrecken auf alle umliegenden Städte, und niemand wagte, Jakob nachzujagen.

5. Er kam nach Bethel und baute dort einen Altar.

6. Gott erschien ihm erneut und segnete ihn: *„Du sollst **Israel** heißen – und aus dir werden Könige hervorgehen. Das Land, das ich Abraham und Isaak gab, will ich dir und deinen Nachkommen geben."*

7. Dann reisten sie weiter – und unterwegs, bei Efrata, gebärte **Rahel** ihren zweiten Sohn.

8. Doch es war eine schwere Geburt. Und als sie starb, nannte sie ihn: **Ben-Oni** – *„Sohn meines Schmerzes"*

9. Jakob aber nannte ihn: **Benjamin** – *„Sohn der rechten Hand"*.

10. Er bestattete Rahel dort, und errichtete einen Stein auf ihr Grab. Es ist bis heute das Grab Rahels bei Bethlehem.

Kapitel 36: Die zwölf Stämme werden vollzählig

Jakob wohnte nun in Hebron, wo auch Isaak noch lebte.
Und die Söhne Jakobs waren nun zwölf:

1. **Ruben**
2. **Simeon**
3. **Levi**
4. **Juda**
5. **Issaschar**

6. **Sebulon**
   (Söhne Leas)

7. **Dan**

8. **Naftali**
   (Söhne Bilhas)

9. **Gad**

10. **Ascher**
    (Söhne Silpas)

11. **Josef**

12. **Benjamin**
    (Söhne Rahels)

Und Isaak lebte noch viele Jahre und sah seine Enkel aufwachsen.

Dann verschied er im Alter von 180 Jahren und wurde von Jakob und Esau gemeinsam begraben in der Höhle von Machpela, bei Abraham und Sarah.

So endete die Generation der Väter – doch das Haus Israel war nun bereit, zu einem Volk zu werden.

Kapitel 37: Josefs Träume und der Neid der Brüder

1. Josef war siebzehn Jahre alt und hütete die Herden mit seinen Brüdern. Er war der Sohn Rahels, und Jakob liebte ihn mehr als alle seine Söhne.

2. Er schenkte ihm ein buntes Gewand – ein Zeichen der Zuneigung und Auszeichnung.

3. Doch seine Brüder hassten ihn, weil er schlecht über sie berichtete und weil Jakob ihn bevorzugte.

4. Josef hatte einen Traum und erzählte ihn seinen Brüdern: *„Siehe, wir banden Garben auf dem Feld, da stand meine Gar-*

be aufrecht, und eure Garben stellten sich ringsum und verneigten sich vor meiner."

5. Da hassten sie ihn noch mehr und sprachen:
   „Willst du etwa König über uns sein?"

6. Er träumte noch einmal: *„Die Sonne, der Mond und elf
   Sterne verneigten sich vor mir."*

7. Auch Jakob tadelte ihn diesmal, doch bewahrte er das
   Wort in seinem Herzen.

8. Als Josef allein ausgesandt wurde, um nach seinen Brüdern zu sehen, verschwor sich ihr Herz gegen ihn.

9. Sie sprachen: *„Siehe, der Träumer kommt. Lasst uns ihn töten und in eine Grube werfen! Dann sehen wir, was aus seinen Träumen wird."*

10. Doch **Ruben** wollte ihn retten und sprach:
    „Vergießt kein Blut – werft ihn in diese Grube."

11. Als Josef kam, rissen sie ihm das bunte Gewand vom
    Leib und warfen ihn in die Zisterne.

12. Dann setzten sie sich nieder, um zu essen – und sahen
    eine Karawane von Ismaelitern aus Gilead.

13. **Juda** sprach: *„Was gewinnen wir, wenn wir ihn töten?
    Lasst ihn uns verkaufen!"*

14. Sie zogen Josef aus der Grube und verkauften ihn für
    zwanzig Silberstücke an die Händler, die ihn nach Ägyp-
    ten brachten.

15. Die Brüder tauchten sein Gewand in Ziegenblut und
    brachten es zu Jakob.

16. Jakob erkannte es und sprach: *„Ein wildes Tier hat ihn zer-
    rissen! Josef ist nicht mehr!"*

17. Und er trauerte viele Tage – niemand konnte ihn trösten.

Kapitel 38: Die verborgene Vorbereitung in Ägypten

1. Die Ismaeliten verkauften Josef in Ägypten an **Potiphar**, einen hohen Beamten des Pharao, den Obersten der Leibwache.

2. Und der Herr war mit Josef – und alles, was er tat, gelang in Potiphars Haus.

3. Potiphar sah, dass Gottes Segen mit ihm war, und übertrug ihm die Aufsicht über sein ganzes Haus.

4. Doch Josefs Schönheit blieb nicht unbeachtet – und die Frau Potiphars warf begehrliche Augen auf ihn.

5. Sie sprach: *„Lieg bei mir."*

6. Doch Josef weigerte sich: *„Wie könnte ich dieses große Unrecht tun und gegen Gott sündigen?"*

7. Tag für Tag bedrängte sie ihn, doch er blieb standhaft.

8. Eines Tages packte sie ihn am Gewand, und er floh aus dem Haus, das Gewand in ihrer Hand zurücklassend.

9. Da schrie sie nach den Dienern und beschuldigte Josef der Schuld, die sie selbst begonnen hatte.

10. Potiphar, voller Zorn, ließ Josef ins Gefängnis werfen – in die Finsternis, wo die Gefesselten des Königs waren.

11. Doch auch dort war der Herr mit Josef – und schenkte ihm Gunst beim Kerkermeister.

Kapitel 39: Hoffnung im Dunkel: Der Traum im Gefängnis

1. Der Kerkermeister übergab Josef alle Gefangenen zur Aufsicht – denn was er tat, gelang.

2. Es kamen zwei Gefangene des Königs hinzu: der **Mundschenk** und der **Bäcker** des Pharao.

3. Beide hatten in einer Nacht einen Traum, und waren traurig, denn niemand konnte sie deuten.

4. Josef sprach: „Deutungen gehören Gott – erzählt sie mir."

5. Der Mundschenk sagte: *„Ich sah einen Weinstock mit drei Ranken. Er blühte, reifte schnell, und ich presste den Saft in den Becher des Pharao."*

6. Josef sprach: *„In drei Tagen wird dich Pharao wieder erheben und dir deine Stellung zurückgeben. Doch gedenke meiner, wenn es dir wohlgeht."*

7. Dann erzählte der Bäcker seinen Traum: *„Ich trug drei Körbe mit Backwerk auf dem Kopf. Im obersten waren feine Speisen – und die Vögel fraßen daraus."*

8. Josef sprach: *„In drei Tagen wird Pharao dein Haupt erheben – doch zum Tod. Die Vögel werden dein Fleisch fressen."*

9. Und es geschah genau so.

10. Doch der Mundschenk vergaß Josef – und ließ ihn im Dunkel.

11. Doch Gott vergaß ihn nicht.

Kapitel 40: Josefs Erhöhung durch Traumdeutung

1. Zwei Jahre vergingen, und dann hatte Pharao einen Traum.

2. Er stand am Nil und sah sieben fette Kühe aus dem Wasser steigen und weiden im Schilf.

3. Nach ihnen stiegen sieben magere, hässliche Kühe empor und fraßen die sieben fetten – doch wurden nicht fetter.

4. Dann sah er sieben volle, schöne Ähren auf einem Halm wachsen, und danach sieben dürre, vom Ostwind versengte Ähren, die die schönen verschlangen.

5. Pharao erwachte – beunruhigt, aber ohne Deutung.

6. Da sprach der Mundschenk: *„Ich erinnere mich an meine Schuld. Im Gefängnis war ein Hebräer – er deutete unseren Traum, und es geschah genau so."*

7. Pharao ließ Josef holen.

8. Man wusch ihn, kleidete ihn neu, und er trat vor den Thron.

9. Pharao sprach: *„Ich hörte, du kannst Träume deuten."*

10. Josef antwortete: *„Nicht ich – Gott wird Pharao Antwort des Friedens geben."*

11. Er hörte den Traum und sprach: *„Die sieben fetten Kühe und vollen Ähren sind sieben Jahre des Überflusses. Die sieben mageren Kühe und dürren Ähren sind sieben Jahre der Hungersnot." „Gott hat Pharao gezeigt, was er tun wird."*

12. *„So wähle einen weisen Mann, der Vorräte sammelt in den guten Jahren, damit Ägypten in der Not nicht vergeht."*

13. Pharao antwortete: *„Wo finden wir einen wie dich, in dem der Geist Gottes wohnt?"*

14. Er setzte Josef über ganz Ägypten, gab ihm den Siegelring, feine Gewänder und einen neuen Namen: **Zafenat-Paneach** – *„der die Geheimnisse offenbart"*.

15. Josef war 30 Jahre alt – und Ägypten beugte sich unter seiner Weisung.

Kapitel 41: Die Hungersnot beginnt

Die sieben guten Jahre kamen – wie Josef gesagt hatte – und er ließ die Überschüsse sammeln und speicherte Getreide in den Städten.

Josef heiratete **Asenat** Tochter des Priesters von On. Sie gebar ihm zwei Söhne:

1. **Manasse** – *„Gott ließ mich vergessen mein Leid"*

2. **Ephraim** – *„Gott hat mich fruchtbar gemacht im Land meines Elends"*

Dann kamen die sieben Jahre der Hungersnot. Sie breitete sich über alle Länder aus – nur in Ägypten war Brot.

Die Menschen kamen zu Josef und Pharao sprach: *„Was er euch sagt – das tut."*

Josef öffnete die Speicher und verkaufte Getreide. Auch aus fernen Ländern kamen sie, um Leben zu finden.

Kapitel 42: Die Brüder kommen nach Ägypten

1. Da Jakob hörte, dass es in Ägypten Korn gab, sprach er zu seinen Söhnen: *„Warum zögert ihr? Zieht hinab und kauft Getreide, damit wir nicht sterben."*

2. So zogen zehn Brüder Josefs nach Ägypten – **Benjamin blieb zurück** bei Jakob.

3. Als sie vor Josef traten, erkannten sie ihn nicht – doch **er erkannte sie sofort.**

4. Er sprach hart zu ihnen: „Ihr seid Spione – ihr seid gekommen, um das Land auszukundschaften!"

5. Sie antworteten: *„Nein, mein Herr – wir sind ehrliche Männer! Zwölf Brüder waren wir, einer ist nicht mehr, und der Jüngste ist beim Vater geblieben."*

6. Josef sprach: „*Um eure Worte zu prüfen: Ihr bleibt hier – einer geht und holt den Jüngsten.*"

7. Doch nach drei Tagen änderte er den Plan: „*Lasst einen Bruder hier, die anderen mögen heimgehen mit Getreide. Bringt mir Benjamin als Beweis.*"

8. Er nahm **Simeon** und band ihn vor ihren Augen. Den übrigen Brüdern gab er das Korn – und ließ heimlich ihr Geld in die Säcke zurücklegen.

9. Als sie es auf dem Heimweg entdeckten, fürchteten sie sich sehr und sprachen: „*Was hat Gott uns da angetan?*"

10. Sie kehrten zurück zu Jakob und erzählten alles.

11. Doch Jakob sprach: „*Josef ist nicht mehr. Simeon ist nicht mehr. Benjamin sollt ihr auch nehmen? Über mich kommt all das Elend!*"

Kapitel 43: Die Rückkehr nach Ägypten mit Benjamin

1. Die Hungersnot wurde härter. Als das Korn zur Neige ging, sprach Jakob zu seinen Söhnen: „*Zieht wieder hinab und kauft uns etwas Brot.*"

2. Doch Juda entgegnete: „*Der Mann hat uns gewarnt: ‚Kommt mir nicht unter die Augen, es sei denn, euer jüngster Bruder ist bei euch.'*"

3. Jakob wehrte sich lange, doch schließlich sprach er: „*Wenn es sein muss, nehmt* **Benjamin** *– und bringt dem Mann ein Geschenk: Balsam, Honig, Harz, Mandeln. Nehmt doppeltes Geld – vielleicht war es ein Irrtum beim ersten Mal.*"

4. So zogen die Brüder mit Benjamin hinab nach Ägypten.

5. Als Josef Benjamin sah, sprach er zu seinem Hausverwalter: „*Führe diese Männer ins Haus, schlachte ein Tier – denn sie sollen mit mir essen.*"

6. Die Brüder fürchteten sich und dachten: *„Wegen des Geldes beim ersten Mal will er uns jetzt überfallen."*

7. Doch der Verwalter beruhigte sie: *„Euer Gott und der Gott eures Vaters hat euch einen Schatz in die Säcke gelegt."*

8. Dann brachte er Simeon zu ihnen.

9. Am Mittag kam Josef heim und sie überreichten ihm die Geschenke und warfen sich nieder.

10. Er fragte nach ihrem Vater: *„Geht es eurem alten Vater gut, von dem ihr gesprochen habt?"*

11. Dann sah er Benjamin und sprach: *„Ist das euer jüngster Bruder? Gott sei dir gnädig, mein Sohn!"*

12. Er war innerlich tief bewegt – ging eilig hinaus und weinte.

13. Dann wusch er sein Angesicht, kam zurück und setzte sich zu Tisch – doch getrennt, denn die Ägypter aßen nicht mit Hebräern.

14. Benjamin erhielt fünfmal so viel wie die anderen – und sie tranken fröhlich mit ihm.

Kapitel 44: Die letzte Prüfung

1. Josef befahl seinem Hausverwalter: *„Füll die Säcke der Männer mit Getreide – und lege mein silbernes Becher in den Sack Benjamins."*

2. Am Morgen zogen sie los. Kaum waren sie weg, ließ Josef sie einholen: *„Warum habt ihr Böses mit Gutem vergolten? Mein Becher, aus dem ich trinke und wahrsage, wurde gestohlen!"*

3. Die Brüder antworteten: *„Bei wem du ihn findest, der soll sterben – und wir werden deine Knechte."*

4. Der Becher wurde gefunden – im Sack Benjamins.

5. Sie zerrissen ihre Kleider und kehrten in Trauer zurück.

6. Josef sprach: *„Der Becher war bei Benjamin – er bleibt mein Knecht. Ihr anderen könnt in Frieden heimkehren."*

7. Da trat **Juda** vor und sprach: *„Bitte, Herr – lass deinen Knecht reden. Unser Vater hat gesagt: ‚Wenn Benjamin nicht zurückkehrt, werde ich sterben vor Kummer.' Ich habe mich verbürgt für ihn. Lass mich statt seiner als Knecht bleiben – und lass den Jungen zu seinem Vater ziehen."*

Kapitel 45: Josef gibt sich zu erkennen

1. Da konnte Josef sich nicht länger halten.

2. Er rief: *„Alle hinaus!"*

3. Und er weinte laut, sodass es alle Ägypter hörten. Dann sprach er zu seinen Brüdern: ***„Ich bin Josef! Lebt mein Vater noch?"***

4. Die Brüder erschraken und konnten nicht antworten.

5. Josef trat näher: *„Ich bin euer Bruder, den ihr verkauft habt. Aber seid nicht traurig, denn Gott hat mich vor euch hergesandt, um Leben zu bewahren."*

6. *„Es sind noch fünf Jahre Hungersnot. Gott hat mich eingesetzt, um euch ein Überleben zu sichern."*

7. *„Geht, holt meinen Vater! Kommt herab nach Ägypten, in das Land Goschen. Ich will für euch sorgen."*

8. Er fiel Benjamin um den Hals und weinte. Dann küsste er alle Brüder und redete mit ihnen.

9. Pharao hörte davon und sprach: *„Sagt eurem Vater: ‚Kommt zu mir – ich will euch das Beste Ägyptens geben.'"*

10. Josef gab ihnen Wagen, Vorräte und Kleider. Benjamin erhielt fünf Gewänder und Silber.

11. Seinem Vater sandte er zehn Esel voll von dem Besten des Landes.

12. Und er sprach zu seinen Brüdern beim Abschied: *„Zankt euch nicht auf dem Weg."*

Kapitel 46: Jakob zieht nach Ägypten

1. Israel (Jakob) machte sich auf den Weg mit allem, was er hatte.

2. Als er in **Beerscheba** ankam, brachte er Opfer dar dem Gott seines Vaters Isaak.

3. Da sprach Gott in der Nacht zu ihm: *„Jakob, Jakob!"*

4. Und er antwortete: *„Hier bin ich."*

5. Gott sprach: *„Fürchte dich nicht, nach Ägypten hinabzuziehen – denn dort will ich dich zu einem großen Volk machen."*

6. *„Ich werde mit dir hinabgehen, und ich werde dich auch wieder heraufführen. Und Josef wird deine Augen schließen."*

7. So zog Israel mit seinen Söhnen, seinen Enkeln, Töchtern und allem, was er besaß.

8. Die Schrift zählt 70 Seelen, die aus dem Hause Jakob nach Ägypten kamen – die Stämme Israels waren nun vollständig beisammen.

9. Als sie nach **Goschen** kamen, sandte Josef seinen Wagen, um seinen Vater zu empfangen.

10. Er fiel ihm um den Hals und weinte lange.

11. Jakob sprach: *„Nun will ich gerne sterben, denn ich habe dein Angesicht gesehen – und du lebst noch."*

Kapitel 47: Israel in Goschen und Josefs Fürsorge

1. Josef brachte fünf seiner Brüder vor den Pharao.

2. Sie sprachen: *„Wir sind Hirten – lass uns im Land Goschen wohnen, denn dort ist Platz für unsere Herden."*

3. Pharao antwortete Josef: *„Das Beste des Landes sei für deinen Vater und deine Brüder – Goschen sei ihr Erbteil. Wenn unter ihnen tüchtige Männer sind, setz sie über mein Vieh."*

4. Josef versorgte seinen Vater und seine Brüder mit Brot für den ganzen Haushalt.

5. Die Hungersnot aber war schwer – und bald hatten alle ihr Geld für Korn gegeben.

6. Josef sprach: *„Gebt euer Vieh, wenn das Geld aus ist."*

7. Sie taten es – und wurden am Leben erhalten.

8. Als auch das nicht mehr reichte, sprachen sie: *„Kaufe uns und unser Land – damit wir nicht sterben."*

9. So wurde das Land dem Pharao übergeben, und die Menschen wurden Verwalter seines Besitzes.

10. Nur die Priester blieben unabhängig, denn sie hatten feste Anteile vom König.

11. Josef setzte fest: *„Ein Fünftel des Ertrags gehört dem Pharao, vier Teile bleiben euch."*

12. So lebte Israel in Goschen, wurde fruchtbar und mehrte sich sehr.

13. Jakob aber näherte sich dem Ende seines Weges – und lebte noch **17 Jahre in Ägypten.**

14. Als die Zeit kam, sprach er zu Josef: **„Lege deine Hand unter meine Hüfte und schwöre: Begrabe mich nicht in Ägypten. Bring mich in das Grab meiner Väter."**

15. Josef schwor es.

Kapitel 48: Jakob segnet Ephraim und Manasse

1. Und als Jakob krank wurde, kam Josef mit seinen beiden Söhnen **Manasse und Ephraim** zu ihm.

2. Jakob sammelte seine Kraft und setzte sich im Bett auf.

3. Er sprach: *„Der Allmächtige erschien mir in Luz (Bethel) und sprach: ‚Ich werde dich fruchtbar machen und zu einem Volk und einer Menge von Völkern.'"*

4. *„Deine beiden Söhne, die dir in Ägypten geboren wurden, sollen **mir gehören** – wie Ruben und Simeon. Sie sollen als meine Söhne gelten und Teil des Erbes werden."*

5. Josef stellte die Jungen vor ihn: Manasse zu Jakobs rechter Hand, Ephraim zur Linken.

6. Doch Jakob kreuzte seine Hände – **die rechte Hand auf Ephraims Haupt**, obwohl er der Jüngere war.

7. Josef wollte es korrigieren. Doch Jakob sprach:

8. *„Ich weiß, mein Sohn – auch Manasse wird ein Volk werden. Aber sein jüngerer Bruder wird größer sein. Sein Same wird Fülle der Nationen werden."*

9. So segnete er sie und sprach: *„Der Engel, der mich erlöst hat aus allem Übel, segne die Knaben. Und mein Name werde auf ihnen genannt – und der Name meiner Väter, Abraham und Isaak. Und sie sollen wachsen in der Mitte des Landes."*

10. So wurden Ephraim und Manasse zu **Stammesvätern in Israel**, obwohl sie Söhne Josefs waren.

Kapitel 49: Jakobs Segen über seine Söhne

1. Jakob rief seine Söhne zusammen und sprach: *„Kommt herbei, damit ich euch verkünde, was euch am Ende der Tage begegnen wird."*

2. Und er segnete jeden – **nicht nur nach dem Fleisch, sondern nach dem Geist, nach Berufung, nach innerem Wesen:**

3. **Ruben** – *„Mein Erstgeborener, Erste meiner Kraft. Doch unbeständig wie Wasser – darum wirst du keinen Vorrang behalten, denn du bestiegst das Lager deines Vaters."*

4. **Simeon und Levi** – *„Waffen der Gewalt sind ihre Schwerter. In ihren Plänen will ich nicht stehen, denn in ihrem Zorn töteten sie. Ich will sie verteilen in Israel."*

5. **Juda** – *„Dich werden deine Brüder preisen. Du bist ein junger Löwe – der Stab wird nicht von dir weichen, bis der Schilo kommt, und ihm wird der Gehorsam der Völker gehören."*
   (Juda wird zum Träger der Königslinie – **David, und der Messias**)

6. **Sebulon** – *„Wird am Meer wohnen, am Hafen der Schiffe."*

7. **Issaschar** – *„Ein knochiger Esel, der sich lagert zwischen den Hürden. Er beugt sich unter Last – doch trägt er gern die Bürde."*

8. **Dan** – *„Wird richten sein Volk. Ein Schlange auf dem Weg – er beißt das Pferd, dass der Reiter rückwärts fällt."*
   (Jakob spricht hier prophetisch – Dan bringt nicht nur Recht, sondern auch Schatten.)

9. **Gad** – *„Eine Kriegerschar fällt über ihn – doch er fällt zurück und kommt dann siegreich."*

10. **Ascher** – *„Sein Brot ist fett – Königsspeise wird er geben."*

11. **Naftali** – *„Eine laufende Hirschkuh – sie bringt schöne Rede hervor."*

12. **Josef** – *„Ein fruchtbarer Weinstock an der Quelle – seine Zweige reichen über die Mauer."*

13. *„Man griff ihn hart an – doch sein Bogen blieb fest. Aus der Hand des Hirten, des Steins Israels, kommt sein Segen: vom Himmel oben und von der Tiefe unten."*

14. „Die Segnungen deines Vaters übertreffen die Berge der Vorzeit – sie sollen auf dem Haupt Jos efs ruhen."

15. **Benjamin** – „Ein reißender Wolf – morgens frisst er Beute, abends teilt er die Beute aus."

16. So segnete Jakob seine Söhne, jeden nach seinem Wesen und Schicksal.

17. Dann sprach er: **„Ich werde zu meinen Vätern versammelt – begrabt mich bei Abraham und Isaak in der Höhle von Machpela."**

Kapitel 50: Jakobs Tod und Josefs letztes Wort

1. Als Jakob seine Worte vollendet hatte, zog er die Füße an sich und verschied.

2. Josef fiel auf das Angesicht seines Vaters und weinte über ihn.

3. Er ließ ihn einbalsamieren – vierzig Tage lang.

4. Und die Ägypter beweinten Israel **siebzig Tage**.

5. Dann sprach Josef zu Pharao: „Lass mich hinaufziehen und meinen Vater begraben, wie er es geschworen hat."

6. Pharao erlaubte es. Josef zog hinauf mit einem großen Zug – Wagen, Reiter, Diener und Brüder.

7. Sie begruben Jakob mit Ehre in der Höhle bei **Mamre**, wo auch Abraham und Sarah lagen.

8. Nach der Beerdigung fürchteten Josefs Brüder, er könnte sich rächen.

9. Sie sandten eine Botschaft: *„Unser Vater sprach vor seinem Tod: ‚Vergib deinen Brüdern ihre Schuld.'"*

10. Josef weinte, als er es hörte.

11. Dann sprach er: *„Fürchtet euch nicht – bin ich etwa an Gottes Stelle? Ihr gedachtet es böse gegen mich – aber Gott gedachte es zum Guten."*

12. *„Er hat mich gesandt, um ein Volk am Leben zu erhalten."*

13. *„Ich werde für euch und eure Kinder sorgen."*

14. So tröstete er sie und sprach freundlich zu ihnen.

15. Josef lebte noch 110 Jahre, sah seine Enkel und Urenkel.

16. Und bevor er starb, sprach er: **„Gott wird euch gewiss heimsuchen – und euch aus diesem Land herausführen in das verheißene Land."**

17. *„Dann nehmt meine Gebeine mit euch hinauf."*

18. Und so starb Josef – und wurde in Ägypten einbalsamiert und in einen Sarg gelegt, bis die Verheißung erfüllt würde.

Damit endet das **Buch der Jubiläen**, wie es die Geschichte der Väter Israels neu ordnet – zeitlich, geistig, prophetisch.

Das Buch der Jubiläen – Zusammenfassung

Das heilige Maß der Zeit und der Weg der Gerechten

Das **Buch der Jubiläen** ist ein einzigartiges Werk – ein „geheiligter Zeitstrahl", der die Geschichte der Menschheit nach **himmlischem Maß** neu ordnet.

Es offenbart **verborgene Rhythmen**, gibt Einblick in die **himmlische Chronologie**, und erinnert uns an den **Bund zwischen Gott und Mensch** – geschrieben **nicht für die Masse, sondern für die Treuen.**

Ursprung und Aufbau

- Verfasst vermutlich im 2. Jh. v. Chr., auch „Kleine Genesis" genannt.

- Präsentiert die biblische Geschichte **neu**, aber diesmal **geordnet nach himmlischen Zeitzyklen: Jubeljahre (je 49 Jahre)** und **Wochenjahre (7 Jahre)**.
- Der Engel der Gegenwart diktiert Mose auf dem Sinai nicht nur Gesetz – sondern die **verborgene Geschichte von Schöpfung bis Jakob.**

Inhaltlich gegliedert:

Kapitel 1: Die Offenbarung

Mose wird auf dem Berg gezeigt: Wie Gott **seit Anfang der Zeit** über alles wacht – und wie die Geschichte einem **heiligen Kalender** folgt.

Kapitel 2-10: Schöpfung, Fall, Sintflut, wahre Kalender

- Adam bis Noach: Die Ursünde, der Brudermord, die Engel, der Bund nach der Flut.

„364 Tage soll das Jahr haben – vollständig, gerecht, vollkommen." „Hütet euch vor dem Mondkalender."

- Der **Bund mit Noach**: Kein Blutvergießen. Kein Götzendienst. Sabbat und Feste im **himmlischen Rhythmus**.

Kapitel 11-23: Abraham, Isaak & Jakob: Bund, Prüfungen, Verheißung

- Abraham: Opfer, Gastfreundschaft, Gottesfreund. Isaak: Gehorsam & Klarheit. Jakob: Visionen, Konflikt mit Esau, Namensverwandlung zu **Israel**.

Immer wieder: *„Und er schrieb die Worte des Bundes auf – zur Erinnerung für seine Kinder."*

Kapitel 24-50: Josefs Geschichte & Israels Entstehung

- Josefs Verrat und Erhöhung in Ägypten.
- Jakobs letzte Worte.

- Der Bund wird **bewahrt durch Erinnerung,** selbst in der Fremde.

Zentrale Themen

1. Die Ordnung der Zeit

- Die Welt gerät ins Chaos, **weil sie Gottes Kalender verlässt.**

Das Jahr Gottes:

364 Tage – vier gleich große Jahreszeiten, – ein heiliger Sabbat-Rhythmus, – mit Festzeiten **nach Licht und Ordnung.**

2. Der Bund – immer neu bestätigt

- Mit Adam, Noach, Abraham, Jakob – jedes Mal erinnert Gott den Menschen: *„Haltet meine Feste, mein Maß, meinen Sabbat."*

3. Treue beginnt mit Erinnerung

Segen geschieht nicht durch Masse, sondern durch **Gedächtnis und Gehorsam.** Wer erinnert – wird bewahrt. Wer vergisst – verirrt sich.

Essenz des Buches der Jubiläen – für uns:

- Die Welt verliert sich, weil sie das Maß verloren hat. Nicht durch das Böse, sondern durch das Vergessen.
- Der Weg zurück führt nicht durch Spektakel, sondern durch die stille Rückkehr zur Ordnung Gottes.
- Die Zeit ist nicht dein Feind – sie ist dein Lehrer, wenn du sie heiligst.

Buch Jaschar

Das **Buch „Jaschar – *Die vergessene Chronik der Menschheit"*** eine Chronik, die die Ereignisse der Menschheitsgeschichte **neu erzählt.**

Das Buch Jaschar – auch „Buch des Aufrechten" genannt – ist ein verlorenes Werk, das zweimal in der Bibel erwähnt wird: In Josua 10,13 und 2. Samuel 1,18.

Doch was ist das für ein Buch, das sogar in den offiziellen Schriften erwähnt wird, aber selbst nicht mehr enthalten ist?

Das Buch Jaschar ist eine Chronik der frühen Menschheitsgeschichte, die viele biblische Ereignisse ergänzt, vertieft oder völlig neu beleuchtet.

Es erzählt zum Beispiel:

· Was Abraham dachte, bevor er auszog.

· Wie Noahs Familie sich auf die Flut vorbereitete.

· Was in Ägypten wirklich geschah.

· Und sogar Details über Henoch und seine Nachkommen.

Das Spannende:

Es klingt oft menschnaher, greifbarer, und echter als viele theologische Texte. Gerade deshalb wurde es wohl verdrängt.

Denn Jaschar zeigt:

Die Helden der Bibel waren keine Heiligen – sondern Menschen mit Herz, Zweifel, Mut und Licht.

Wer das Buch Jaschar liest, entdeckt nicht nur eine vergessene Chronik – sondern das Herz der alten Geschichte, in der auch unsere eigene Menschlichkeit geschrieben steht.

Kapitel 1: Buch Jaschar

(Die Schöpfung, die Söhne Adams, der Fall der Engel, und die ersten Generationen)

Und Gott erschuf den Menschen
am sechsten Tag der Schöpfung –
Adam, aus Staub vom Erdboden,
und hauchte ihm den Odem des Lebens ein.

Adam nannte seine Frau **Eva (Chava)**,
denn sie wurde die Mutter aller Lebendigen.

Am achten Tag nach ihrer Erschaffung
wurden Adam und Eva aus dem Garten Eden vertrieben,
weil sie das Gebot Gottes übertreten hatten,
vom Baum der Erkenntnis zu essen.

Gott bekleidete sie mit Fellen
und ließ **Cherubim** mit flammenden Schwertern
den Weg zum Baum des Lebens bewachen.

Adam lebte 930 Jahre
und gebar Söhne und Töchter.

Seth, sein Sohn, wurde geboren,
nachdem Abel von Kain erschlagen wurde.

Seth wandelte in Gerechtigkeit
und lehrte seine Kinder die Wege Gottes.

Und in jenen Tagen begannen die Menschen,
sich zu mehren auf der Erde.
Doch mit der Zahl wuchs auch das Unrecht.

Die **Söhne Gottes** (Engel oder himmlische Wesen)
sahen die Schönheit der Töchter der Menschen
und nahmen sich Frauen,
wie sie wollten.

Sie gebaren ihnen **Riesen (Nephilim)** –
mächtige Männer, die Gewalt über das Land brachten.

Die Menschen vergaßen den Herrn,
schufen Götzen,
übten Zauberei,
vergoßen Blut
und entweihten die Erde.

Doch unter ihnen war einer namens **Enosch**,
der Sohn Seths –
in seinen Tagen begann man,
den Namen des Herrn anzurufen –
doch auch falsche Namen und Götzen entstanden.

Henoch, der siebte von Adam,
wandelte mit Gott
und verkündete das kommende Gericht.

Und Gott nahm ihn hinweg –
er sah den Tod nicht.

Die Erde aber wurde von Tag zu Tag verdorbener,
bis Gott beschloss,
den Menschen, den er gemacht hatte,
auszurotten von der Fläche der Erde.

Doch unter ihnen war **Noach**,
ein gerechter Mann,
untadelig in seinen Geschlechtern.

Gott begann, ihm den Plan der Rettung zu offenbaren.

Kapitel 2: Geburt Noachs & die zunehmende Verdorbenheit

In jenen Tagen wurde ein Mann geboren,
dessen Licht sich über die Welt legen sollte:

Noach, der Sohn **Lamechs**, Enkel **Methusalachs**,
aus dem Geschlecht **Seths**.

Als er geboren wurde,
leuchtete sein Angesicht wie die Sonne,
und seine Augen waren wie Feuer.
Er sprach mit der Sprache der Engel
noch ehe er Worte lernte.

Sein Vater Lamech erschrak und sprach:

„Dieser ist nicht wie andere Menschen –
er scheint ein Kind der Götter zu sein!"

Doch Methusalah beruhigte ihn:
„Es ist Gottes Werk –
der Segen ruht auf ihm.
In seinen Tagen wird die Erde neu geordnet."

Noach wuchs heran,
und Gott war mit ihm.

Kapitel 3: Verderbnis der Menschen und der Fall der Riesen

Doch die Menschheit entfernte sich immer weiter von Gottes
Weg.

Die **Söhne der Engel**
lehrten die Menschen Zauberei,
Metallverarbeitung, Waffenbau,
und das Lesen der Sterne –
nicht zum Segen, sondern zur Herrschaft.

Die **Riesen**, die aus diesen Verbindungen geboren wurden,
begannen, Menschen zu fressen –
und schließlich sogar sich gegenseitig.

Die Erde wurde mit Blut durchtränkt,
die Vögel flohen,
und die Tiere schrien gegen den Himmel.

Und Gott sprach:
„Mein Geist soll nicht ewig im Menschen bleiben –
seine Tage seien 120 Jahre."

Doch die Menschen lachten über Warnungen.

Henoch war da bereits entrückt –
doch **Methusalah** und andere Gerechte
riefen die Menschen immer wieder zur Umkehr.

Kapitel 4: Die Vorbereitung auf das Gericht

Gott offenbarte Noach in einem Traum,
dass das Ende der Generation naht.

Er sprach:

„Baue dir eine Arche aus festem Holz,
versiegle sie innen und außen mit Harz.
Drei Stockwerke soll sie haben –
für dich, deine Familie,
und je ein Paar von allem, was lebt."

Noach begann zu bauen,
und die Menschen verspotteten ihn.

Sie riefen:
„Du glaubst, es wird regnen vom Himmel?
Wir fürchten kein Gericht!"

Doch Methusalah stand an seiner Seite
und warnte Tag für Tag.

Der Bau dauerte viele Jahre –
doch das Holz wuchs schneller als gewöhnlich,
denn die Engel Gottes halfen im Verborgenen.

Kapitel 5: Die Tiere versammeln sich

Und als das Werk vollendet war,
sprach Gott zu Noach:

„Sammle Nahrung für viele Tage –
Weizen, Kräuter, Früchte, Wasser."

Und siehe,
aus allen Enden der Erde
kamen die Tiere paarweise zur Arche –
geführt vom Geist Gottes,
nicht durch Zwang.

Die Menschen sahen es und staunten –
doch sie blieben im Herzen verstockt.

Sie wollten sich mit Gewalt Zutritt verschaffen zur Arche,
als sie sahen, dass sie wirklich voll wurde –
doch ein Kreis von Licht und Feuer
verwehrte ihnen den Weg.

Kapitel 6: Der Beginn der Sintflut

Am siebzehnten Tag des zweiten Monats
öffnete Gott die Schleusen des Himmels
und die Brunnen der Tiefe.

Regen fiel wie nie zuvor –
Tage und Nächte ohne Ende.

Die Erde bebte,
die Meere traten über,
die Berge verschwanden.

Die Menschen schrien und flohen,
doch die Wasser stiegen schneller,
als sie laufen konnten.

Noach aber war in der Arche,
mit seinen Söhnen **Sem, Ham und Japhet,**

seinen Frauen,
und den Tieren des Feldes.

Und Gott verschloss die Tür selbst
mit seiner Hand.

Kapitel 7: Die Reinigung der Erde

Vierzig Tage und vierzig Nächte
dauerte der Regen –
und alles, was Odem hatte, starb.

Die Vögel flogen vergeblich,
denn sie fanden keinen Ort zum Ruhen.
Die Tiere schrien,
und die Menschen riefen um Gnade –
doch die Zeit der Umkehr war vorbei.

Die Arche trieb auf den Wassern –
hoch über den Gipfeln der Berge.

Und Noach betete jeden Tag:

„Herr, du bist gerecht in deinem Gericht –
aber gedenke deiner Barmherzigkeit."

Nach 150 Tagen begann das Wasser zu sinken,
und die Arche ruhte auf den Bergen **Ararat**.

Kapitel 8 : Noach verlässt die Arche und bringt Opfer

Nach einem Jahr und zehn Tagen
öffnete Noach die Arche.
Die Erde war trocken,
der Himmel klar –
und die Luft atmete wie neu geboren.

Noach trat hinaus mit seiner Familie
und allen Tieren.

Er fiel auf sein Angesicht
und dankte dem Herrn.

Er baute einen Altar
und opferte von jedem reinen Tier und Vogel.

Und Gott roch den lieblichen Duft
und sprach in seinem Herzen:

*„Ich will die Erde nicht noch einmal verfluchen
um des Menschen willen –
denn das Herz des Menschen ist von Jugend auf geneigt zum Bösen."*

*„Solange die Erde besteht,
werden Saat und Ernte,
Kälte und Hitze,
Sommer und Winter,
Tag und Nacht nicht aufhören."*

Kapitel 9: Der Bund mit Noach und das Zeichen am Himmel

Gott segnete Noach und seine Söhne:

*„Seid fruchtbar und mehret euch,
füllt die Erde.
Alles, was sich bewegt, soll euch zur Speise sein –
doch Fleisch mit seinem Blut sollt ihr nicht essen."*

*„Wer Menschenblut vergießt,
dessen Blut soll durch Menschen vergossen werden –
denn in Gottes Ebenbild wurde der Mensch erschaffen."*

Dann sprach Gott:

*„Ich schließe einen ewigen Bund mit euch –
und mit allem Fleisch auf Erden.
Nie wieder soll eine Flut alles Leben vernichten."*

„Und dies ist das Zeichen meines Bundes:
Ich setze meinen Bogen in die Wolken."

Und wann immer der Regenbogen erscheint,
gedenkt Gott seines Bundes.

Kapitel 10: Fluch über Kanaan & die Verteilung der Erde

Noach pflanzte einen Weinberg
und trank vom Wein –
und er wurde betrunken.

In seinem Zelt lag er entblößt.

Ham, sein Sohn, sah ihn
und lachte darüber.
Doch **Sem** und **Japheth** bedeckten ihn ehrfürchtig.

Als Noach erwachte,
erkannte er, was geschehen war,
und sprach:

„Verflucht sei Kanaan,
der Sohn Hams –
ein Knecht der Knechte sei er seinen Brüdern."

„Gesegnet sei der Herr, der Gott Sems –
und Japheth wohne in den Zelten Sems."

Dann verteilten die Söhne Noachs
die Erde unter sich:

- **Sems Linie** wurde das Land des Ostens –
von Assur bis Indien.

- **Hams Linie** erhielt Afrika, Ägypten, Kanaan.

- **Japheths Linie** das Land des Nordens und Westens –
Europa, Inseln und große Völker.

Noach gab ihnen genaue Grenzen –
und sie schworen, diese zu achten.

Kapitel 11: Der Aufstieg Nimrods

Aus der Linie Hams kam **Kusch**,
und Kusch zeugte **Nimrod** –
den ersten Mächtigen auf Erden.

Er war ein gewaltiger Jäger,
und sein Name wurde gefürchtet:
„Wie Nimrod, der gewaltige Jäger vor dem Herrn."

Er baute Königreiche:
Babel, Erech, Akkad, Ninive –
mächtige Städte in der Ebene **Schinar**.

Doch Nimrod war stolz,
und sein Herz erhob sich gegen den Himmel.

Er trug Hörner wie ein Stier auf seinem Helm,
ließ sich anbeten wie einen Halbgott
und lehrte die Menschen,
den Herrn zu vergessen.

Kapitel 12: Der Turmbau zu Babel

In jenen Tagen war die ganze Erde **einer Sprache**
und **einer Rede**.

Und sie sprachen:
*„Lasst uns eine Stadt bauen –
und einen Turm, dessen Spitze bis in den Himmel reicht.
Lasst uns einen Namen machen,
damit wir nicht zerstreut werden über die ganze Erde."*

Sie brannten Ziegel und bauten den Turm hoch –
mit Bitumen als Mörtel.

Doch der Herr sah es
und sprach:

„Siehe, ein Volk sind sie –
und dies ist erst der Anfang ihres Tuns.
Nichts wird ihnen unmöglich sein."

„Lasst uns hinabfahren und ihre Sprache verwirren –
damit einer des anderen Rede nicht versteht."

So zerstreute der Herr sie
über die ganze Erde –
und sie hörten auf, die Stadt zu bauen.

Der Ort wurde **Babel** genannt –
denn dort verwirrte der Herr die Sprache der Welt.

Kapitel 13: Abram wird geboren

In der Stadt **Ur in Chaldäa** wurde ein Kind geboren:
Abram, Sohn des Terach,
aus der Linie Sems.

Sein Vater war ein einflussreicher Mann
am Hofe **König Nimrods**
und diente den Götzen der Zeit.

Doch in der Nacht von Abrams Geburt
erschien ein Stern am Himmel –
und verschlang vier andere Sterne ringsum.

Die Weisen Nimrods deuteten das Zeichen:

„Ein Kind ist geboren, das dein Reich stürzen wird."

Nimrod sprach:
„Bringt mir dieses Kind, damit es getötet werde!"

Doch Terach versteckte Abram
und brachte ihm **den Sohn einer Magd**,
den er Nimrod auslieferte statt seines eigenen.

Abram wuchs versteckt in einer Höhle
und wurde vom Herrn selbst unterwiesen.

Mit zehn Jahren sprach er:

„Es kann nicht viele Götter geben –
es muss einen Schöpfer aller Dinge geben."

Er begann, Götzenbilder zu zerstören
und die Wahrheit des Einen Gottes zu erkennen.

Kapitel 14: Abram verlässt das Haus seines Vaters

Mit fünfzig Jahren verließ Abram sein Versteck
und kehrte ins Haus seines Vaters zurück.

Dort sah er, wie Terach
Götzen aus Holz und Stein verehrte.

Abram zerschlug sie alle
und stellte den Hammer in die Hand der größten Statue.

Als Terach ihn fragte, was geschehen sei,
antwortete Abram:

„Die Götzen haben sich gestritten –
dieser hier hat die anderen zerstört."

Terach rief aus:
„Unsinn! Diese Götzen können nichts tun –
sie sind nur Werk meiner Hände!"

Da sprach Abram:

„Warum betest du dann zu ihnen?"

Terach wurde wütend
und meldete es **Nimrod**.

Der König ließ Abram verhaften
und warf ihn in den Kerker.

Kapitel 15: Abram im Feuerofen

Nimrod befahl,
dass ein riesiger Feuerofen gebaut werde.

Abram wurde mit Seilen gebunden
und hineingeworfen –
doch **der Herr sandte seinen Engel**
und bewahrte ihn vor Schaden.

Drei Tage und drei Nächte blieb er im Feuer
und kam **unversehrt** heraus.

Alle staunten –
und viele begannen, an Abrams Gott zu glauben.

Doch Nimrod verhärtete sein Herz.

Abram verließ das Land mit **Sara**, seiner Frau,
und mit **Lot**, dem Sohn seines Bruders Haran,
und wanderte in das Land Kanaan.

Kapitel 16: Gottes Ruf an Abram

Im Land Kanaan
sprach der Herr zu Abram:

„Zieh aus deinem Vaterland
in das Land, das ich dir zeigen werde.
Ich will dich segnen
und zu einem großen Volk machen.
Und in dir sollen gesegnet werden
alle Geschlechter der Erde."

Abram baute Altäre dem Herrn
und rief seinen Namen aus.

Er predigte gegen Götzen
und lehrte die Menschen die Einheit des Schöpfers.

Doch es kam eine Hungersnot im Land,
und Abram zog hinab nach Ägypten.

Er sprach zu Sara:

„Sag, du seist meine Schwester –
damit sie mich nicht töten um deinetwillen."

Pharao nahm sie in sein Haus –
doch der Herr schlug ihn mit Plagen.

Als er erkannte, dass es wegen Sara war,
gab er sie zurück
und sandte Abram mit Reichtum fort.

Kapitel 17: Die Trennung von Lot wird vorbereitet

Abram kehrte nach Kanaan zurück
und war sehr reich an Vieh, Silber und Gold.

Doch zwischen den Hirten Abrams und Lots
entstand Streit um Weideplätze.

Abram sprach zu Lot:

*„Lass es keinen Streit geben zwischen uns.
Wenn du nach links gehst, gehe ich nach rechts."*

Lot wählte das fruchtbare Jordantal –
und schlug sein Zelt nahe **Sodom** auf,
dessen Menschen waren sehr böse.

Abram blieb in **Hebron**
und baute dort dem Herrn einen Altar.

Da sprach Gott zu ihm:

*„Erhebe deine Augen –
alles Land, das du siehst,
will ich dir und deinen Nachkommen geben,
für immer."*

*„Und ich will deinen Samen machen wie den Staub der Erde – wenn
jemand ihn zählen kann, dann kann man auch deine Nachkommen
zählen."*

Kapitel 18: Krieg der Könige und Lots Gefangenschaft

In jenen Tagen erhob sich ein Krieg in der Ebene von Siddim:
Vier Könige des Ostens,

darunter **Kedor-Laomer,**
zogen gegen fünf Könige Kanaans,
darunter **Sodom und Gomorra.**

Die östlichen Könige siegten
und plünderten die Städte der Ebene.
Sie nahmen **Lot,** Abrams Neffen, gefangen
und führten ihn mitsamt seiner Habe fort.

Ein Bote kam zu Abram und sprach:
„Lot wurde verschleppt!"

Da sammelte Abram **318 seiner treuesten Männer,**
verfolgte die Feinde bei Nacht
und **besiegte sie in einem plötzlichen Angriff.**

Er befreite Lot,
seine Familie und all ihre Habe.

Als Abram zurückkehrte,
kam ihm **Melchisedek,** König von Salem, entgegen –
ein Priester des Höchsten Gottes.

Er brachte Brot und Wein,
segnete Abram und sprach:

„Gesegnet sei Abram vom Höchsten Gott,
Besitzer des Himmels und der Erde.
Und gepriesen sei Gott,
der deine Feinde in deine Hand gegeben hat."

Abram gab ihm den Zehnten von allem.

Kapitel 19: Der Bund wird angekündigt

Nach diesen Ereignissen erschien Gott Abram in einer Vision:

„Fürchte dich nicht, Abram –
ich bin dein Schild
und dein sehr großer Lohn."

Doch Abram sprach:

„Was willst du mir geben?
Ich bin kinderlos –
mein Erbe ist Elieser von Damaskus."

Da sprach der Herr:

„Nicht dieser wird dein Erbe sein,
sondern einer, der aus deinem Leib hervorgeht."

Er führte ihn hinaus und sprach:

„Sieh hinauf zum Himmel –
zähl die Sterne, wenn du kannst.
So zahlreich wird dein Same sein."

Und Abram glaubte dem Herrn –
und das wurde ihm zur Gerechtigkeit gerechnet.

Kapitel 20: Der Bund wird besiegelt mit Blut

Gott sprach zu Abram:

„Bringe mir ein dreijähriges Kalb,
eine Ziege, einen Widder, eine Taube und eine junge Taube."

Abram teilte die Tiere in zwei Hälften
und legte sie gegenüber.

Als die Sonne unterging,
fiel ein tiefer Schlaf auf Abram –
und eine dunkle, schreckliche Finsternis kam über ihn.

Und Gott sprach:

„Deine Nachkommen werden Fremdlinge sein
in einem Land, das nicht ihres ist.
Sie werden versklavt und bedrückt vierhundert Jahre –
aber ich werde das Volk richten,
und sie werden mit großer Habe ausziehen."

Dann sah Abram einen **feurigen Ofen und eine lodernde Fackel**, die zwischen den Stücken hindurchfuhren.

So schloss Gott einen **Blutbund** mit Abram.

Kapitel 21: Hagar und Ismael

Weil Sara unfruchtbar blieb,
gab sie Abram ihre Magd **Hagar** zur Frau.

Hagar empfing –
doch als sie sah, dass sie schwanger war,
verachtete sie ihre Herrin.

Sara wurde hart gegen sie,
und Hagar floh in die Wüste.

Dort erschien ihr ein Engel:

„Hagar, kehre zurück und demütige dich.
Dein Sohn soll Ismael heißen –
‚Gott hört‘ –
denn der Herr hat dein Elend gehört.“

Sie kehrte zurück
und gebar Ismael, als Abram 86 Jahre alt war.

Kapitel 22: Die Verheißung Isaaks und der neue Name

Als Abram 99 Jahre alt war,
erschien ihm Gott und sprach:

„Ich bin El Schaddai – wandle vor mir und sei vollkommen. Ich
will meinen Bund aufrichten mit dir
und dich überaus mehren.“

Abram fiel auf sein Angesicht.

Gott sprach:

„Du sollst nicht mehr Abram heißen,
sondern Abraham –
denn ich habe dich zum Vater vieler Völker gemacht.“

„Auch Sara wird nicht mehr Sarai heißen,
sondern Sara –

eine Fürstin.
Ich will sie segnen,
und sie wird dir einen Sohn gebären.“

Abraham lachte in seinem Herzen:

„Soll einem Hundertjährigen noch ein Kind geboren werden?“

Doch Gott sprach:

„Sara wird dir einen Sohn gebären,
und du sollst ihn Isaak nennen.
Mit ihm werde ich meinen ewigen Bund aufrichten.“

An diesem Tag ließ Abraham sich und Ismael
und alle Männer seines Hauses beschneiden –
nach Gottes Gebot.

Kapitel 23: Die Geburt Isaaks

Und der Herr besuchte Sara,
wie er gesagt hatte –
und sie gebar **Isaak**,
als Abraham 100 Jahre alt war.

Sara sprach:

„Gott hat mein Lachen gemacht –
wer es hört, wird mit mir lachen.
Wer hätte Abraham gesagt,
dass Sara Kinder stillt?“

Das Kind wuchs,
und am Tag seiner Entwöhnung
bereitete Abraham ein großes Fest.

Doch Sara sah,
dass **Ismael**, der Sohn Hagars,
spottete über Isaak.

Sie sprach zu Abraham:

„Verstoße diese Magd und ihren Sohn –
denn der Sohn der Magd soll nicht erben mit meinem Sohn
Isaak."

Das Wort missfiel Abraham,
doch Gott sprach:

„Höre auf Sara –
in Isaak wird dir ein Same genannt.
Aber auch Ismael will ich segnen,
denn er ist dein Sohn."

Abraham gab Hagar Wasser und Brot
und entließ sie mit Ismael in die Wüste.

Ein Engel tröstete sie,
und Ismael wuchs in der Wildnis
und wurde ein Bogenschütze.

Kapitel 24: Der Ruf über Sodom

Die Sünde der Städte **Sodom, Gomorra, Adma, Zeboim und
Zoar**
stieg auf zu Gott.

Er sprach:

„Ich will hinabsteigen und sehen,
ob ihre Bosheit so groß ist, wie das Geschrei, das vor mich
kommt."

Zwei Engel kamen nach Sodom
und trafen **Lot**, der am Stadttor saß.

Er lud sie ein in sein Haus,
doch die Männer der Stadt umringten es
und verlangten:

„Gib uns die Männer heraus,
damit wir sie erkennen."

Lot bat um Gnade,
doch sie drohten, ihn zu zerbrechen.

Da streckten die Engel ihre Hände aus,
zogen Lot hinein
und schlugen die Männer mit Blindheit.

Sie sprachen:

„Nimm deine Familie und flieh –
denn der Herr wird diese Städte vernichten.“

Doch Lots Schwiegersöhne lachten darüber.

Kapitel 25: Das Gericht über Sodom

Als der Morgen dämmerte,
drängten die Engel Lot:

„Steh auf, nimm deine Frau und deine Töchter –
flieh um deines Lebens willen.“

Sie zogen ihn hinaus aus der Stadt
und sprachen:

„Blick nicht zurück –
bleib nicht stehen.
Flieh in die Berge.“

Doch Lot bat:

*„Lass mich in eine kleine Stadt fliehen – nach **Zoar**.“*
Und es wurde ihm gewährt.

Da ließ der Herr
Feuer und Schwefel regnen auf Sodom und Gomorra –
und stürzte die Städte um,
mit allem, was darin war.

Lots Frau aber **sah sich um** –
und wurde zur **Salzsäule**.

Am Morgen stand Abraham auf
und blickte auf die Ebene –
und siehe:
Rauch stieg auf wie der Rauch eines Ofens.

Kapitel 26: Isaaks Reifung und Abrahams Treue

Isaak wuchs heran,
ein stilles und tiefes Kind,
und Abraham liebte ihn sehr.

Eines Tages sprach der Herr:

„Nimm deinen Sohn, deinen einzigen,
den du liebst – Isaak –
und bring ihn zum Berge Morija,
und opfere ihn mir dort als Brandopfer.“

Abraham stand früh auf,
sattelte den Esel
und nahm Holz, Feuer und Isaak.

Drei Tage lang gingen sie,
und am dritten Tag sah Abraham den Berg.

Isaak sprach:

„Mein Vater, wir haben Holz und Feuer –
aber wo ist das Lamm?“

Abraham antwortete:

„Gott wird sich das Lamm ersehen, mein Sohn.“

Kapitel 27: Die Opferung Isaaks

Abraham baute den Altar,
legte das Holz,
band Isaak
und legte ihn darauf.

Er hob das Messer –
doch ein Engel des Herrn rief:

„Abraham, Abraham!
Strecke deine Hand nicht aus gegen den Knaben –
denn jetzt weiß ich,
dass du Gott fürchtest,
und nichts zurückhältst."

Da sah Abraham einen Widder,
dessen Hörner sich im Gestrüpp verfangen hatten –
und opferte ihn statt Isaak.

Der Engel rief ein zweites Mal:

„Weil du dies getan hast,
will ich dich überaus segnen –
und dein Same wird sein
wie die Sterne am Himmel und der Sand am Meer.
Und durch deinen Samen
werden gesegnet werden alle Völker der Erde."

Abraham und Isaak kehrten zurück –
tiefer verbunden denn je.

Kapitel 28: Der Tod Saras

Sara lebte 127 Jahre
und starb in **Hebron** im Land Kanaan.
Abraham kam, um sie zu beweinen und zu ehren.

Er sprach zu den Hethitern:

„Ich bin ein Fremdling unter euch –
gebt mir ein Grab bei euch,
damit ich meine Frau bestatten kann."

Sie antworteten ehrfürchtig:
„Du bist ein Fürst Gottes unter uns –
begrabe deine Toten in unserem besten Grab."

Abraham bestand darauf, **Ephron** den Hethiter zu bezahlen –
für die Höhle von **Machpela**.

Er wog **400 Silberstücke** ab,
und so wurde dies der erste Grundbesitz Abrahams
im verheißenen Land.

Dort begrub er Sara,
und errichtete ihr ein ehrwürdiges Grab.

Kapitel 29: Isaak trauert, Abraham sorgt vor

Nach Saras Tod war Isaak sehr traurig.

Abraham sah seine Einsamkeit
und sprach zu seinem Diener **Elieser**:

*„Lege deine Hand unter meine Hüfte und schwöre:
Du sollst meinem Sohn keine Frau nehmen aus dem Land Kanaan –
sondern gehe in mein Vaterhaus,
und hole ihm eine Frau von dort.“*

Elieser nahm zehn Kamele
und Geschenke aller Art,
und reiste nach **Mesopotamien**,
in die Stadt **Nachors**.

Dort angekommen, betete er:

*„Herr, wenn die Frau, die ich bitten werde zu trinken,
auch meinen Kamelen Wasser gibt –
so sei sie die Richtige.“*

Kapitel 30: Rebekka begegnet Elieser

Kaum hatte er geendet,
da kam **Rebekka**, Tochter **Bethuels**,
mit einem Krug auf der Schulter.

Sie war schön von Gestalt und reinen Herzens.

Elieser bat sie um Wasser –
und sie gab nicht nur ihm,
sondern tränkte auch alle seine Kamele.

Da wusste er: **Dies ist die vom Herrn Bestimmte.**

Er schenkte ihr Schmuck
und wurde in ihr Haus eingeladen.

Als ihre Familie hörte, woher er kam,
sprachen sie:

„Dies ist vom Herrn gekommen –
wir können weder Böses noch Gutes dagegen sagen."

Rebekka willigte ein,
und sie sprach:

„Ich will gehen."

Kapitel 31: Die Hochzeit Isaaks

Rebekka reiste mit Elieser zurück.

Als sie Isaak sah,
verhüllte sie sich mit einem Tuch.

Isaak führte sie in das Zelt seiner Mutter Sara –
und sie wurde ihm zur Frau.

Er liebte sie –
und wurde getröstet nach dem Tod seiner Mutter.

Abraham war überaus froh,
und Gott segnete das Haus Isaaks.

Rebekka aber war tief mit dem Herrn verbunden –
und betete viel in der Stille.

Kapitel 32: Abraham geht Heim

Abraham lebte nach Saras Tod noch 38 Jahre
und zeugte mit **Ketura** sechs weitere Söhne:
Zimran, Jokschan, Medan, Midian, Jischbak und Schuach.

Doch Isaak blieb der Sohn der Verheißung.

Abraham gab den Söhnen der Nebenfrauen Geschenke
und sandte sie fort,
damit sie Isaaks Erbe nicht antasteten.

Mit **175 Jahren** starb Abraham,
alt und lebenssatt.

Isaak und Ismael begruben ihn neben Sara
in der Höhle von Machpela.

Und Gott segnete Isaak –
und das Licht des Bundes ging in ihn über.

Kapitel 33: Die Geburt Esaus und Jakobs

Isaak betete für Rebekka,
denn sie war unfruchtbar.

Und der Herr erhörte ihn.

Rebekka empfing –
doch die Kinder rangen in ihrem Leib.

Sie sprach:
„Warum ist mir dies widerfahren?"

Und der Herr antwortete:

*„Zwei Nationen sind in deinem Leib –
zwei Völker, die sich trennen werden.
Der eine wird stärker sein als der andere –
und der Ältere wird dem Jüngeren dienen."*

Esau kam zuerst hervor,
rötlich und behaart –
danach Jakob,
der Esaus Ferse hielt.

Isaak liebte Esau –
denn er brachte Wild.

Rebekka aber liebte Jakob –
der in der Stille lebte
und das Herz Gottes suchte.

Kapitel 34: Das Erstgeburtsrecht

Eines Tages kam Esau erschöpft vom Feld
und fand Jakob beim Kochen eines Linsengerichts.

Er sprach:
„Gib mir zu essen – ich sterbe vor Hunger."

Jakob erwiderte:
„Verkaufe mir dein Erstgeburtsrecht."

Esau sprach:
„Was soll mir das Recht nützen, wenn ich doch sterbe?"

Und er schwor es Jakob
und aß.

So verachtete Esau das Recht des Erstgeborenen –
und das Auge des Himmels sah es.

Kapitel 35: Der Betrug um den Segen

Als Isaak alt und seine Augen schwach wurden,
rief er Esau:

*„Geh jagen und bereite mir ein Mahl –
damit meine Seele dich segne,
ehe ich sterbe."*

Rebekka hörte es
und rief Jakob.

Sie sprach:
*„Hole mir zwei junge Ziegen –
ich werde deinem Vater ein Mahl bereiten.
Und du sollst den Segen empfangen."*

Jakob fürchtete:
„Ich bin glatt, Esau ist behaart –
wenn er mich ertastet,
verflucht er mich."

Doch Rebekka antwortete:
„Dein Fluch komme auf mich, mein Sohn."

Sie kleidete ihn mit Esaus Gewändern,
legte Felle auf seine Hände –
und Jakob trat vor Isaak.

Isaak sprach:
„Die Stimme ist Jakobs Stimme,
aber die Hände sind Esaus Hände."

Und er segnete ihn:

„Gott gebe dir vom Tau des Himmels,
vom Fett der Erde –
Nationen sollen dir dienen."

Kaum war Jakob gegangen,
da kam Esau.

Als Isaak erkannte, was geschehen war,
erschrak er sehr –
doch sprach:

„Ich habe ihn gesegnet –
und gesegnet wird er bleiben."

Esau weinte und bat um einen Segen.

Doch der Segen war bereits gegeben.

Esau hasste Jakob
und schwor, ihn zu töten.

Kapitel 36: Jakobs Flucht

Rebekka hörte von Esaus Absicht
und sprach zu Isaak:

*„Ich will nicht, dass Jakob eine Frau von den
Töchtern Kanaans nimmt."*

Isaak segnete Jakob erneut
und sandte ihn fort nach Haran,
zum Haus **Betuëls**,
um dort eine Frau zu nehmen aus dem Haus Labans,
Rebekkas Bruder.

Jakob verließ Beerscheba
und ging hinaus –
allein, mit nur einem Stab in der Hand.

Kapitel 37: Jakobs Traum von der Himmelsleiter

Als die Sonne unterging,
fand Jakob einen Ort und legte sich nieder,
mit einem Stein als Kissen.

Und er träumte:

**Eine Leiter war aufgestellt auf der Erde,
und ihre Spitze reichte bis zum Himmel.
Engel Gottes stiegen auf und nieder.**

Oben stand der Herr und sprach:

*„Ich bin der Gott Abrahams und Isaaks.
Das Land, auf dem du liegst,
will ich dir und deinen Nachkommen geben."*

*„Dein Same wird sein wie der Staub der Erde –
und in dir und deinem Samen
sollen gesegnet werden alle Geschlechter der Erde."*

„Ich bin mit dir
und werde dich bewahren,
wohin du gehst."

Als Jakob erwachte, sprach er:

„Wahrlich, der Herr ist an diesem Ort –
und ich wusste es nicht!"

Er nannte den Ort **Bethel** –
„Haus Gottes" –
und machte ein Gelübde:

„Wenn Gott mit mir ist und mich versorgt,
so soll der Herr mein Gott sein –
und ich werde ihm den Zehnten geben."

Kapitel 38: Jakob trifft Rahel und dient für sie

Jakob kam nach Haran
und fand einen Brunnen,
wo Hirten warteten, das Wasser zu öffnen.

Da sah er **Rahel**,
die Tochter **Labans**, seiner Mutter Bruder,
und sein Herz wurde bewegt.

Er rollte den Stein allein vom Brunnen
und tränkte ihre Herde.

Rahel lief nach Hause
und erzählte es Laban –
und dieser eilte ihm entgegen.

Jakob blieb bei ihm
und diente ihm einen Monat.

Dann sprach Laban:

„Du sollst nicht umsonst dienen –
was ist dein Lohn?"

Jakob antwortete:

„Ich will dir sieben Jahre dienen
für Rahel, deine jüngere Tochter."

Und sie waren ihm wie wenige Tage –
weil er sie liebte.

Kapitel 39: Der Betrug Labans und Leas Ehe

Als die sieben Jahre voll waren,
bat Jakob um Rahel.

Doch Laban gab ihm in der Nacht **Lea**,
die Ältere –
und am Morgen sah Jakob den Betrug.

Er sprach:

„Warum hast du mich getäuscht?"

Laban antwortete:

„Bei uns ist es nicht Brauch,
die Jüngere vor der Älteren zu geben.
Vollende diese Woche –
und du bekommst auch Rahel,
für weitere sieben Jahre Dienst."

So heiratete Jakob auch Rahel
und begann, für Laban weiter zu dienen.

Doch Rahel blieb unfruchtbar,
und Lea gebar:

1. **Ruben** – „Der Herr hat mein Elend gesehen"

2. **Simeon** – „Der Herr hat gehört, dass ich ungeliebt bin"

3. **Levi** – „Nun wird mein Mann mir anhangen"

4. **Juda** – „Diesmal will ich den Herrn preisen"

Kapitel 40: Die Geburt weiterer Söhne

Rahel gab Jakob ihre Magd **Bilha**,
die gebar:

5. **Dan** – „Gott hat Recht gesprochen"

6. **Naftali** – „Ich habe mit meiner Schwester gerungen"

Lea gab ihre Magd **Silpa**,
die gebar:

7. **Gad** – „Es kommt Glück"

8. **Ascher** – „Wohl mir!"

Dann gebar Lea wieder:

9. **Issaschar** – „Gott hat mir meinen Lohn gegeben"

10. **Sebulon** – „Mein Mann wird mich ehren"

· **Dina**, die Tochter

Schließlich erinnerte sich der Herr an Rahel –
und sie gebar:

11. **Josef** – „Gott hat meine Schmach hinweggenommen"

Jakob sprach:

„Der Herr wird mir einen weiteren Sohn geben."

Kapitel 41: Jakob flieht mit seiner Familie

Nach vielen Jahren sprach Jakob zu Laban:

*„Lass mich gehen –
damit ich in mein Land zurückkehre."*

Doch Laban bat ihn zu bleiben,
denn sein Besitz war durch Jakob gesegnet.

Sie vereinbarten einen Lohn:
alle gesprenkelten und gefleckten Tiere.

Gott segnete Jakob,
und seine Herden vermehrten sich stark.

Die Söhne Labans wurden eifersüchtig.

Der Herr sprach zu Jakob:

„Kehre zurück in das Land deiner Väter –
ich werde mit dir sein."

Jakob rief Rahel und Lea aufs Feld,
und sie stimmten ihm zu.

In der Nacht flohen sie,
ohne es Laban zu sagen.

Rahel aber nahm die **Hausgötzen** ihres Vaters heimlich mit.

Laban verfolgte sie sieben Tage,
doch Gott erschien ihm im Traum:

„Hüte dich, mit Jakob weder Gutes noch Böses zu reden."

Kapitel 42: Versöhnung mit Laban & Vorbereitung auf Esau

Laban holte Jakob ein
und klagte ihn an wegen der Flucht
und wegen der gestohlenen Götzen.

Jakob wusste nichts davon
und sprach:

„Bei dem, der sie hat, soll er nicht leben."

Rahel aber saß auf den Götzen
und sagte, sie könne nicht aufstehen –
so entkam sie der Entdeckung.

Schließlich schlossen Jakob und Laban einen Bund.

Sie errichteten einen Steinhaufen
und nannten ihn **Gal-Ed** –
„Hügel des Zeugnisses".

Laban sprach:

„Der Herr sei Zeuge zwischen mir und dir."

Und sie schworen, einander keinen Schaden zuzufügen.

Laban kehrte zurück nach Haran,
und Jakob zog weiter –
und Engel Gottes begegneten ihm.

Kapitel 43: Die Begegnung mit Esau

Jakob hörte, dass **Esau** ihm entgegenzog
mit **400 Männern**.

Da fürchtete sich Jakob sehr
und teilte sein Lager in zwei Teile:

„Wenn der eine Teil geschlagen wird,
kann der andere entkommen."

Er betete:

„Gott meiner Väter Abraham und Isaak,
rette mich aus der Hand meines Bruders.
Ich bin zu gering für all deine Gnade."

Er sandte Esau **Geschenke in Wellen**:
Ziegen, Schafe, Kamele, Rinder, Esel –
jeweils vorausgesandt,
mit der Botschaft:

„Es ist ein Geschenk deines Knechtes Jakob."

In der Nacht rang Jakob mit einem Mann –
ein Engel Gottes –
und wurde **Israel** genannt:

„Denn du hast mit Gott und Menschen gerungen
und hast überwunden."

Am Morgen traf er Esau.
Jakob verneigte sich siebenmal –
doch Esau lief ihm entgegen,
umarmte ihn und weinte.

Sie versöhnten sich –
doch Jakob lehnte es ab, mit Esau zu ziehen,
und ging nach **Sukkot**.

Kapitel 44: Die Entweihung Dinas

Jakob zog nach **Sichem**
und kaufte dort ein Stück Land.

Dina, seine Tochter,
ging hinaus, die Töchter des Landes zu sehen.

Sichem, der Sohn des Fürsten **Hamor**,
sah sie, nahm sie und entweihte sie.

Dann sprach er zu seinem Vater:

„Nimm mir dieses Mädchen zur Frau – ich liebe sie.“

Hamor kam zu Jakob,
um die Heirat zu erbitten.

Die Söhne Jakobs waren erzürnt –
doch sie handelten mit List.

*„Nur wenn ihr alle Männer beschneiden lasst,
geben wir unsere Schwester.“*

Hamor und Sichem willigten ein –
und alle Männer der Stadt ließen sich beschneiden.

Am dritten Tag,
als sie schwach waren,
nahmen **Simeon und Levi** ihre Schwerter
und erschlugen alle Männer –
auch Hamor und Sichem.

Sie holten Dina zurück
und plünderten die Stadt.

Kapitel 45: Jakob trauert über den Zorn

Jakob war erschüttert über die Tat seiner Söhne:

„Ihr habt mich ins Unglück gestürzt –
die Kanaaniter werden sich gegen mich vereinen!"

Doch sie antworteten:

„Sollte man mit unserer Schwester handeln wie mit einer
Hure?"

Jakob schwieg –
doch im Herzen blieb die Wunde offen.

Kapitel 46: Rückkehr nach Bethel

Gott sprach zu Jakob:

„Steh auf, geh nach Bethel
und baue dort einen Altar –
dem Gott, der dir erschien,
als du vor Esau flohst."

Jakob sprach zu seinem Haus:

„Tut die fremden Götter hinweg,
reinigt euch,
und wir ziehen hinauf nach Bethel."

Er vergrub alle Götzen und Amulette
unter der Eiche bei Sichem.

Gott legte einen Schrecken auf die Städte ringsum –
niemand verfolgte Jakob.

Er baute einen Altar
und nannte den Ort:
El-Bethel – *„Gott des Hauses Gottes".*

Gott erschien ihm erneut:

„Du sollst nicht mehr Jakob heißen,
sondern Israel.
Ich bin der Allmächtige Gott –
ein Volk, ja viele Völker sollen aus dir kommen."

Kapitel 47: Geburt und Tod Rahels

Auf dem Weg von Bethel
kamen sie nach **Efrata**.

Dort kam **Rahel** in schwere Geburt.

Sie starb bei der Geburt ihres zweiten Sohnes
und nannte ihn **Ben-Oni** – „Sohn meiner Schmerzen".

Doch Jakob nannte ihn:
Benjamin – *„Sohn der rechten Hand"*.

Er begrub Rahel
und stellte einen Stein auf ihr Grab,
der bis heute dort steht –
bei **Bethlehem**.

So verlor Jakob seine geliebte Frau –
doch Benjamin wurde geboren,
und die zwölf Stämme Israels waren vollzählig.

Kapitel 48: Josefs Träume und der Neid der Brüder

Josef war siebzehn Jahre alt
und hütete die Herden mit seinen Brüdern.

Er war der Sohn **Rahels**
und Jakob liebte ihn mehr als alle seine anderen Söhne.
Er schenkte ihm ein besonderes Kleid –
ein **buntes Gewand mit langen Ärmeln**.

Doch seine Brüder hassten ihn –
und als Josef ihnen von seinen Träumen erzählte,
wurden sie zornig:

„Hört den Traum, den ich hatte:
Wir banden Garben auf dem Feld,
und meine Garbe stand aufrecht,
während eure sich vor ihr verneigten."

Und ein zweiter Traum:

„Die Sonne, der Mond und elf Sterne
verneigten sich vor mir.“

Jakob bewahrte das Wort im Herzen –
doch die Brüder schmiedeten stillen Groll.

Kapitel 49 : Die Brüder werfen Josef in die Grube

Eines Tages sandte Jakob Josef,
um nach seinen Brüdern zu sehen,
die in Sichem weideten.

Als sie ihn von Weitem sahen,
sprach einer zum anderen:

„Siehe, der Träumer kommt!
Lasst uns ihn töten
und sagen, ein wildes Tier habe ihn gefressen.“

Doch **Ruben** sagte:

„Vergießt kein Blut –
werft ihn in diese Grube.“

Er wollte ihn später heimlich retten.

Sie zogen Josef das bunte Gewand aus
und warfen ihn in die leere Grube.

Dann setzten sie sich nieder und aßen.

Kapitel 50: Josef wird verkauft

Während sie aßen,
kamen **Ismaelitische Händler** aus Gilead –
mit Kamelen, beladen mit Gewürzen.

Juda sagte:

„Was gewinnen wir, wenn wir ihn töten?
Lasst uns ihn verkaufen –
und unser Gewissen bleibt rein.“

Sie zogen Josef aus der Grube
und verkauften ihn für **zwanzig Silberstücke**
an die Ismaeliten,
die ihn nach Ägypten brachten.

Als **Ruben** zur Grube zurückkam
und Josef nicht fand,
zerriss er seine Kleider.

Sie tauchten Josefs Gewand in Ziegenblut
und brachten es Jakob.

Jakob erkannte es und sprach:

„Mein Sohn ist zerrissen worden!"

Und er trauerte viele Tage –
niemand konnte ihn trösten.

Kapitel 51: Juda und Tamar

Juda zog sich von seinen Brüdern zurück
und nahm sich eine kanaanäische Frau.

Sie gebar ihm **Er, Onan und Schela**.

Juda gab **Tamar** seinem Sohn **Er** zur Frau –
doch Er war böse vor dem Herrn
und starb.

Dann gab er ihr **Onan**,
der sich weigerte, seinem Bruder Nachkommen zu geben –
und auch er starb.

Juda fürchtete um seinen letzten Sohn **Schela**
und schickte Tamar fort.

Doch Tamar verkleidete sich als Dirne
und wartete am Weg.

Juda kam des Weges
und erkannte sie nicht.

Er gab ihr seinen Siegelring, seinen Stab und sein Band
als Pfand –
und sie empfing.

Drei Monate später wurde sie schwanger,
und Juda wollte sie bestrafen –
doch sie offenbarte die Pfandzeichen.

Juda sprach:

*„Sie ist gerechter als ich –
denn ich habe sie meinem Sohn verweigert."*

Tamar gebar Zwillinge:
Perez und **Serach**.

Kapitel 52: Josef in Ägypten

Die Händler verkauften Josef in Ägypten
an **Potiphar**,
den Obersten der Leibwache des Pharao.

Und der Herr war mit Josef –
und ließ ihn in allem gelingen.

Potiphar erkannte dies
und übergab ihm das ganze Haus.

Doch Potiphars Frau begehrte Josef
und sprach:
„Lieg bei mir."

Josef weigerte sich:

*„Wie könnte ich dieses große Unrecht tun
und gegen Gott sündigen?"*

Sie bedrängte ihn Tag für Tag.

Eines Tages packte sie ihn am Gewand –
doch Josef floh und ließ es zurück.

Sie beschuldigte ihn der Schandtat,
und Josef wurde ins Gefängnis geworfen.

Doch auch dort war Gott mit ihm –
und schenkte ihm Gunst beim Kerkermeister.

Kapitel 53: Josef deutet Träume im Gefängnis

Im Gefängnis waren zwei Diener des Pharao:
der **Mundschenk** und der **Bäcker**.

Beide hatten eines Nachts einen Traum
und waren traurig,
denn niemand konnte ihn deuten.

Josef sprach:

*„Deutungen gehören Gott –
erzählt sie mir."*

Der Mundschenk träumte:
*„Ich sah einen Weinstock mit drei Ranken.
Er blühte, reifte, und ich presste die Trauben in Pharaos
Becher."*

Josef sprach:

*„In drei Tagen wird Pharao dich erhöhen
und dir deinen Dienst zurückgeben."*

Der Bäcker träumte:
*„Ich trug drei Körbe mit Backwerk,
und Vögel fraßen aus dem obersten."*

Josef sprach:

*„In drei Tagen wird Pharao dich hängen,
und die Vögel werden dein Fleisch fressen."*

Drei Tage später war Pharaos Geburtstag –
und es geschah genau so.

Doch der Mundschenk vergaß Josef…

Kapitel 54: Pharaos Träume und Josefs Ruf

Zwei Jahre später hatte **Pharao** einen Traum:

Er sah **sieben fette Kühe**,
die vom Nil stiegen und grasten.

Dann kamen **sieben magere, hässliche Kühe**,
die die fetten verschlangen.

Ein zweiter Traum:

Sieben volle Ähren wuchsen,
gefolgt von **sieben versengten Ähren**,
die die guten verschlangen.

Keiner konnte sie deuten.

Da erinnerte sich der Mundschenk
und sprach:

*„Ich kenne einen Hebräer im Gefängnis,
der Träume deuten kann."*

Pharao ließ Josef holen –
man wusch ihn, kleidete ihn neu,
und er trat vor den Thron.

Kapitel 55: Josef wird erhöht

Pharao sprach:

„Ich hörte, du kannst Träume deuten."

Josef antwortete:

*„Nicht ich –
Gott wird dem Pharao eine Antwort des Friedens geben."*

Er hörte die Träume
und sprach:

*„Die sieben fetten Kühe und Ähren
sind sieben Jahre des Überflusses.*

Die sieben mageren – sieben Jahre Hungersnot.
Gott hat dir gezeigt, was geschehen wird."

„So setze einen weisen Mann über das Land,
der in den guten Jahren Vorräte sammelt."

Pharao sprach:

„Wo finden wir einen wie dich,
in dem der Geist Gottes wohnt?"

Er erhob Josef über ganz Ägypten,
gab ihm seinen Ring, feine Gewänder,
und nannte ihn **Zafenat-Paneach** –
„der, der verborgene Dinge offenbart".

Josef war dreißig Jahre alt.

Kapitel 56: Die Hungersnot beginnt

Josef heiratete **Asenat**,
Tochter des Priesters von On.
Sie gebar ihm zwei Söhne:

1. **Manasse** – *„Gott ließ mich vergessen mein Elend"*

2. **Ephraim** – *„Gott hat mich fruchtbar gemacht im Land meines*
   Leids"

Die sieben guten Jahre kamen –
Josef sammelte gewaltige Vorräte in allen Städten.

Dann begannen die sieben Hungerjahre –
und die Not wurde groß.

Ägypten öffnete seine Speicher,
und Josef verkaufte Getreide.

Aus allen Ländern kamen Menschen –
denn die Hungersnot war über die ganze Erde.

Auch im Land **Kanaan** wurde das Brot knapp.

Kapitel 57: Die Brüder kommen nach Ägypten

Jakob hörte, dass es Korn in Ägypten gab.

Er sprach zu seinen Söhnen:

„Zieht hinab und kauft,
damit wir nicht sterben."

Zehn Brüder gingen –
Benjamin blieb daheim.

Sie traten vor Josef,
beugten sich nieder –
doch sie erkannten ihn nicht.
Er aber erkannte sie.

Er sprach hart zu ihnen:

„Ihr seid Spione!"

Sie antworteten:

„Nein, mein Herr –
wir sind ehrliche Männer, Söhne eines Mannes in Kanaan.
Wir waren zwölf Brüder – einer ist nicht mehr,
und der Jüngste ist beim Vater."

Josef sprach:

„Euer Wort wird geprüft:
Einer bleibt hier,
die anderen holen den Jüngsten."

Er ließ sie drei Tage gefangen halten.
Dann sprach er:

„Nur Simeon bleibt zurück –
geht, bringt Benjamin."

Er gab ihnen Korn –
und ließ heimlich ihr Geld in die Säcke zurücklegen.

Als sie es auf dem Weg entdeckten, fürchteten sie sich:

„Was hat Gott uns getan?"

Sie kehrten zurück zu Jakob
und berichteten alles –
doch Jakob weigerte sich:

„Ihr habt mir meine Kinder genommen –
Josef ist nicht mehr, Simeon ist nicht mehr,
und auch Benjamin wollt ihr nehmen?
Über mich kommt all das Elend."

Kapitel 58: Die Brüder kehren mit Benjamin zurück

Die Hungersnot wurde härter,
und als das Korn zur Neige ging,
sprach Jakob:

„Zieht wieder hinab und kauft uns Nahrung."

Doch **Juda** antwortete:

„Der Mann hat uns gewarnt:
‚Kommt mir nicht unter die Augen ohne euren Bruder.'"
Wenn du Benjamin nicht mitschickst, gehen wir nicht."

Reuben bot an, seine beiden Söhne als Pfand zu geben.
Doch Jakob lehnte ab.

Juda aber trat auf in Verantwortung:

„Ich bürge mit meinem Leben –
ich will schuldig sein auf ewig, wenn ich ihn nicht zurückbrin-
ge."

Da willigte Jakob ein
und sprach:

„Nehmt ein Geschenk mit –
etwas Balsam, Honig, Harz, Mandeln –
und doppeltes Geld.
Vielleicht war es ein Irrtum."

So zogen sie mit Benjamin nach Ägypten.

Kapitel 59: Josef empfängt Benjamin

Als Josef **Benjamin** sah,
sprach er zu seinem Hausverwalter:

*„Führe diese Männer in mein Haus –
und bereite ein Mahl."*

Die Brüder fürchteten sich:

„Er will uns überfallen wegen des Geldes."

Doch der Verwalter beruhigte sie:

„Euer Gott hat euren Schatz in die Säcke gelegt."

Dann brachte er **Simeon** aus dem Gefängnis.

Als Josef das Mahl begann,
ließ er sie nach Rang ordnen –
vom Ältesten bis zum Jüngsten.

Sie wunderten sich.

Benjamin erhielt **fünfmal so viel** wie alle anderen.
Sie tranken und waren fröhlich mit ihm –
doch Josef prüfte ihre Herzen.

Kapitel 60: Der silberne Becher

Josef sprach zum Verwalter:

*„Füll ihre Säcke mit Getreide –
aber lege meinen silbernen Becher
in Benjamins Sack."*

Am Morgen reisten sie ab.

Kaum waren sie fort,
ließ Josef ihnen nachjagen:

*„Warum habt ihr Böses mit Gutem vergolten?
Mein Becher wurde gestohlen!"*

Die Brüder waren entsetzt:

„Bei wem du ihn findest – der soll sterben!"

Der Becher wurde gefunden –
in **Benjamins Sack**.

Sie zerrissen ihre Kleider
und kehrten nach Ägypten zurück.

Kapitel 61: Judas Fürbitte

Vor Josef fielen sie nieder.

Josef sprach:

*„Benjamin bleibt hier als mein Knecht –
ihr anderen geht in Frieden."*

Da trat **Juda** vor
und hielt eine lange, bewegende Rede:

*„Mein Herr, lass mich sprechen.
Unsere Seelen hängen an dem Jungen –
wenn wir ohne ihn heimkehren,
wird unser Vater sterben."*

*„Ich habe mich verbürgt für ihn.
Lass mich statt seiner bleiben –
damit der Junge heimkehren kann."*

Josef konnte sich nicht mehr zurückhalten –
Tränen stiegen in seine Augen.

Kapitel 62: Die Offenbarung und Versöhnung

Josef rief:

„Alle hinaus!"
Nur seine Brüder blieben.

Dann weinte er laut –
und sprach:

„Ich bin Josef – lebt mein Vater noch?"

Die Brüder erschraken –
sprachlos, erschüttert.

Doch Josef trat näher:

„Ich bin euer Bruder, den ihr verkauft habt –
aber sorgt euch nicht.
Gott hat mich vor euch hergesandt,
um Leben zu erhalten."

„Noch fünf Jahre Hungersnot liegen vor uns –
kommt zu mir,
lebt in Goschen,
ich will euch versorgen."

Dann umarmte er **Benjamin**,
weinte mit ihm,
und küsste jeden seiner Brüder.

Sie sprachen miteinander –
nach langer Zeit der Trennung.

Pharao hörte davon
und sprach:

„Gebt ihnen Wagen –
holt ihren Vater und ihre Familien.
Das Beste Ägyptens soll ihnen gehören."

Josef sandte reich beladene Wagen nach Kanaan
und sprach zu seinen Brüdern:

„Zankt euch nicht auf dem Weg."

Kapitel 63: Jakob erfährt, dass Josef lebt

Als die Brüder nach Kanaan zurückkehrten,
erzählten sie Jakob alles, was geschehen war.

Sie sprachen:

„Josef lebt –
und er ist Herrscher über ganz Ägypten!"

Jakob erstarrte zunächst –
doch als er die Wagen sah, die Josef gesandt hatte,
lebte sein Geist wieder auf.

Er sprach:

„Es ist genug –
mein Sohn Josef lebt noch.
Ich will hinabziehen,
dass ich ihn sehe, bevor ich sterbe."

Kapitel 64: Jakob zieht nach Ägypten

Jakob brach auf mit seiner ganzen Familie.
Er kam nach **Beerscheba**
und brachte Opfer dar dem Gott seines Vaters.

In der Nacht sprach Gott in einer Vision:

„Jakob, Jakob!"
– „Hier bin ich."
– „Fürchte dich nicht, nach Ägypten zu ziehen.
Ich will mit dir sein,
dich dort zu einem großen Volk machen –
und dich wieder heraufführen.
Und Josef wird deine Augen schließen."

So zog Israel nach Ägypten –
mit seinen Söhnen, Enkeln, Töchtern, und all ihrem Gut.

70 Seelen waren es insgesamt,
die mit Jakob kamen.

Kapitel 65: Die Wiedervereinigung mit Josef

Als Josef hörte, dass sein Vater nahe war,
spannte er seinen Wagen an
und fuhr ihm entgegen nach **Goschen**.

Und als er ihn sah,
fiel er ihm um den Hals
und weinte lange.

Jakob sprach:

„Nun will ich in Frieden sterben –
denn ich habe dein Angesicht gesehen
und du lebst noch."

Josef brachte fünf seiner Brüder vor den Pharao,
und sie baten um das Land **Goschen**,
denn sie waren Hirten.

Pharao erlaubte es –
und setzte einige von ihnen sogar über sein eigenes Vieh.

Dann trat Josef mit **Jakob** vor Pharao.

Pharao fragte:
„Wie alt bist du?"

Jakob antwortete:

„Die Tage meiner Pilgerschaft sind 130 Jahre –
wenig und mühselig,
und ich habe das Alter meiner Väter nicht erreicht."

Jakob segnete den Pharao
und ging von ihm hinaus.

Kapitel 66: Die große Versorgung

Josef versorgte seinen Vater,
seine Brüder und ihre Familien
mit allem, was sie brauchten.

Die Hungersnot aber dauerte fort –
und alle Länder kamen nach Ägypten,
um Getreide zu kaufen.

Josef kaufte das Land für Pharao,
indem er es gegen Korn eintauschte.

Nur die Priester behielten ihren Besitz –
sie erhielten eine feste Zuteilung vom König.

So wurde Josef der Verwalter über ganz Ägypten
und bewahrte es vor dem Untergang.

Kapitel 67: Jakob segnet Josef und seine Söhne

Als Jakob alt wurde und spürte,
dass sein Ende naht,
ließ er Josef zu sich rufen.

Er sprach:

*„Schwöre mir,
dass du mich nicht in Ägypten begräbst –
sondern in der Höhle von Machpela,
bei meinen Vätern."*

Josef schwor es.

Dann brachte Josef seine Söhne **Ephraim** und **Manasse**.

Jakob stärkte sich,
setzte sich auf und sagte:

*„Diese deine Söhne sollen mir gehören –
wie Ruben und Simeon.
Sie sollen Stämme Israels sein."*

Er legte seine Hände auf ihre Häupter –
doch kreuzte die Arme:

**Die rechte Hand auf Ephraim, den Jüngeren,
die linke auf Manasse, den Erstgeborenen.**

Josef wollte es ändern,
doch Jakob sprach:

„Ich weiß es, mein Sohn –
auch Manasse wird groß,
aber sein jüngerer Bruder wird größer sein."

Und er segnete sie:

„Der Gott, der mich geführt hat,
der Engel, der mich erlöst hat von allem Übel,
segne diese Knaben –
und mein Name werde auf ihnen genannt."

Kapitel 68: Jakob ruft seine Söhne zusammen

Als Jakob fühlte, dass seine Zeit kam,
ließ er alle seine Söhne zu sich rufen.

Er sprach:

„Versammelt euch,
damit ich euch verkünde,
was euch begegnen wird
am Ende der Tage."

Und er segnete sie **einen nach dem anderen,**
nicht nach Geburt,
sondern nach geistiger Linie,
Wesen und Aufgabe.

Kapitel 69: Die Segnungen der zwölf Söhne

Ruben – *„Mein Erstgeborener, Anfang meiner Kraft, doch unbeständig wie Wasser – du wirst keinen Vorrang behalten."*

Simeon und Levi – *„Brüder im Zorn. Ihr habt das Schwert zu eurer Sprache gemacht – ich will nicht in eurer Versammlung stehen."*

Juda – *„Dich werden deine Brüder preisen. Du bist ein junger Löwe. Der Stab wird nicht von dir weichen, bis der Schilo kommt."*

Sebulon – *„Wird am Meer wohnen, ein Hafen für Schiffe."*

Issaschar – *„Ein knochiger Esel, der unter der Last ruht, doch Frucht bringt im Dienst."*

Dan – *„Ein Richter für sein Volk – doch auch eine Schlange am Weg."*

Gad – *„Eine Kriegerschar fällt über ihn, doch er wird sie am Ende überwinden."*

Ascher – *„Sein Brot ist fett – Königsküche wird aus seinem Land kommen."*

Naftali – *„Eine schnelle Hirschkuh – schöne Worte bringt er hervor."*

Josef – *„Ein fruchtbarer Weinstock, der über die Mauer reicht. Der Allmächtige wird dich segnen – über Vatermaß hinaus."*

Benjamin – *„Ein reißender Wolf – morgens frisst er Beute, abends teilt er die Beute aus."*

So sprach Jakob
über seine Söhne Worte des Lichts und der Läuterung –
Wahrheit in Liebe,
Zukunft in Klarheit.

Kapitel 70: Jakobs Tod

Dann sprach Jakob:

„Ich werde versammelt zu meinem Volk.
Begrabt mich nicht hier in Ägypten,
sondern in der Höhle von Machpela,
wo Abraham, Isaak, Sara, Rebekka und Lea ruhen."

Als er dies gesagt hatte,
zog er die Füße auf das Bett,
legte sich nieder –
und verschied in Frieden.

Josef fiel auf sein Angesicht,
weinte über ihn
und küsste ihn.

Kapitel 71: Begräbnis Jakobs

Josef ließ seinen Vater einbalsamieren –
vierzig Tage dauerte es,
und sie beweinten ihn **siebzig Tage**.

Dann bat Josef den Pharao:

*„Lass mich meinen Vater begraben –
wie er geschworen hat."*

Pharao sprach:
„Zieh hinauf und begrabe ihn."

Ein großer Zug zog nach Kanaan:
Wagen, Reiter, Beamte, Brüder, Priester.

Sie begruben Jakob in der Höhle von Machpela,
mit großer Ehre,
Wehklage und Gesang.

Danach kehrten sie nach Ägypten zurück.

Kapitel 72: Josefs letzte Jahre und Trost für seine Brüder

Nach dem Tod Jakobs fürchteten sich die Brüder:

*„Vielleicht wird Josef uns jetzt vergelten,
was wir ihm getan haben."*

Sie baten um Vergebung,
und Josef weinte.

Er sprach:

*„Fürchtet euch nicht –
bin ich denn an Gottes Stelle?
Ihr gedachtet es böse gegen mich,
doch Gott gedachte es zum Guten."*

„Ich will für euch sorgen –
für euch und eure Kinder."

Josef lebte 110 Jahre,
sah seine Enkel und Urenkel.

Bevor er starb, sprach er:

„Gott wird euch gewiss heimsuchen –
und euch aus diesem Land führen
in das Land, das er Abraham,
Isaak und Jakob geschworen hat."

„Dann nehmt meine Gebeine mit euch."

Und so starb Josef
und wurde in Ägypten einbalsamiert
und in einen Sarg gelegt –
bis der Tag der Heimkehr kam.

Kapitel 73: Der Tod Josefs und der Beginn der Finsternis

Nach Josefs Tod veränderte sich das Herz Ägyptens.

Die Israeliten blieben viele Jahre im Land
und wurden sehr zahlreich und stark.

Doch es erhob sich ein neuer König in Ägypten,
der Josef nicht kannte.

Er sprach zu seinem Volk:

„Siehe, das Volk der Kinder Israel
ist zahlreicher und mächtiger als wir.
Lasst uns klug gegen sie handeln –
damit sie sich nicht mehren
und im Kriegsfall unsere Feinde unterstützen."

So setzten sie **Aufseher** über sie
und zwangen sie zu harter Arbeit
im Bau der Städte **Pitom und Ramses.**

Doch je mehr sie unterdrückt wurden,
desto mehr vermehrten sie sich.

Kapitel 74: Die Last wächst

Die Ägypter machten das Leben der Hebräer bitter
durch Zwangsarbeit an Lehm und Ziegeln,
auf den Feldern und in der Stadt.

Sie begannen, sie wie Sklaven zu behandeln –
ohne Gnade, ohne Unterlass.

Doch Gott sah es
und begann, in den Herzen der Gerechten
neue Hoffnung zu säen.

Die Ältesten Israels flehten zum Herrn,
und der Himmel hörte.

Kapitel 75: Der Plan des Pharao

Pharao berief seine Ratgeber
und sprach:

*„Lasst uns jede männliche Geburt unter den Hebräern töten –
damit ihr Same nicht mehr wachse."*

Er rief die hebräischen Hebammen,
Schifra und Pua,
und befahl:

*„Wenn ihr bei der Geburt seht,
dass es ein Sohn ist – tötet ihn.
Ist es eine Tochter, so soll sie leben."*

Doch die Hebammen **fürchteten Gott**
und gehorchten nicht.

Als Pharao sie befragte, sprachen sie:

**„Die hebräischen Frauen sind kräftig –
sie gebären, ehe wir kommen."**

Und Gott segnete die Hebammen –
und das Volk wuchs weiter.

Pharao aber gebot allen Ägyptern:

„Werft jeden Sohn, der geboren wird, in den Nil!"

Kapitel 76: Die Geburt Moses

In diesen Tagen nahm ein Mann aus dem Hause **Levi**,
namens **Amram**,
eine Frau namens **Jochebed** zur Frau.

Sie empfing und gebar einen Sohn –
und als sie ihn sah,
dass er schön und besonders war,
verbarg sie ihn drei Monate.

Doch als sie ihn nicht länger verbergen konnte,
nahm sie ein Kästchen aus Schilfrohr,
verstrich es mit Harz,
legte das Kind hinein
und setzte es im Schilf am Ufer des Nils aus.

Seine Schwester **Mirjam** stellte sich in der Ferne auf,
um zu sehen, was mit ihm geschieht.

Kapitel 77: Mose wird von der Tochter Pharaos gerettet

Die Tochter Pharaos kam herab zum Nil,
um zu baden.

Sie sah das Kästchen,
öffnete es
und das Kind weinte.

Sie hatte Mitleid mit ihm,
obwohl sie wusste, dass es ein hebräisches Kind war.

Da trat Mirjam hervor und sprach:

„Soll ich dir eine hebräische Frau rufen,
die das Kind stillt?"

Sie stimmte zu –
und so brachte Mirjam **ihre Mutter Jochebed**.

Jochebed stillte das Kind
und wurde dafür vom königlichen Haus entlohnt.

Als das Kind größer wurde,
nahm ihn die Tochter Pharaos an Sohnes Statt
und nannte ihn **Mose**,
denn sie sprach:

„Ich habe ihn aus dem Wasser gezogen."

Kapitel 78: Moses Jugend am Königshof

Mose wuchs auf im Haus der Tochter Pharaos,
umgeben von Reichtum, Bildung und Macht.

Er wurde gelehrt in allen Weisheiten der Ägypter,
doch sein Herz blieb bei seinem Volk.

Als junger Mann ging er hinaus
und sah die Leiden seiner Brüder.

Er sah, wie ein ägyptischer Aufseher
einen hebräischen Mann schlug –
da erschlug Mose den Ägypter
und verbarg ihn im Sand.

Am nächsten Tag stritten zwei Hebräer.
Als Mose sie trennte, sprach einer:

„Willst du mich auch töten, wie den Ägypter?"

Da erkannte Mose, dass es bekannt geworden war
und floh aus Ägypten.

Kapitel 79: Mose in Midian

Mose floh in das Land **Midian**
und setzte sich an einen Brunnen.

Dort kamen sieben Töchter des Priesters **Jethro**,
um Wasser für ihre Herden zu schöpfen.

Andere Hirten vertrieben sie –
doch Mose stand auf und verteidigte sie.

Jethro, beeindruckt, nahm ihn in sein Haus
und gab ihm seine Tochter **Zipporah** zur Frau.

Mose blieb viele Jahre dort
und wurde ein Hirte über die Herden Jethros.

Kapitel 80: Der Ruf am brennenden Dornbusch

Eines Tages trieb Mose die Herde
zum Berg **Horeb** – Gottes Berg.

Da erschien ihm ein **Engel des Herrn**
in einer Flamme aus einem brennenden Dornbusch,
der nicht verzehrt wurde.

Gott rief:

„Mose, Mose!"
– „Hier bin ich."
– „Zieh deine Schuhe aus,
denn der Ort, auf dem du stehst, ist heilig."

Gott sprach:

„Ich habe das Elend meines Volkes gesehen,
ihre Schreie gehört –
und ich bin herabgekommen, sie zu retten."

„Ich sende dich zum Pharao,
damit du mein Volk aus Ägypten führst."

Mose sprach:

„Wer bin ich, dass ich gehen soll?"

Doch Gott sprach:

„Ich werde mit dir sein –
und dies ist das Zeichen:
Wenn du das Volk herausgeführt hast,
werdet ihr an diesem Berg mir dienen."

Kapitel 81: Die Zeichen und Moses Zweifel

Mose sprach:

„Was, wenn sie mir nicht glauben?"

Da sprach Gott:

„Was ist in deiner Hand?"
– „Ein Stab."
– „Wirf ihn auf die Erde."

Er wurde zur **Schlange** –
und Mose floh davor.

Gott sprach:

„Greife ihn am Schwanz" –
und er wurde wieder ein Stab.

Dann sprach Gott:

„Stecke deine Hand in deinen Mantel."
Sie wurde **weiß wie Schnee**.
Als er sie erneut hineinsteckte,
wurde sie gesund.

Gott gab ihm drei Zeichen:
Stab zur Schlange,
Hand zur Lepra,
Wasser des Nils zu Blut.

Doch Mose sprach:

„Ich bin kein guter Redner – langsam im Mund."

Gott sprach:

„Wer hat den Mund gemacht?
Ich werde mit deinem Mund sein."

Als Mose weiter zögerte, sprach Gott:

„Dein Bruder Aaron wird dein Mund sein –
und du wirst ihm Worte geben."

Kapitel 82: Mose kehrt zurück nach Ägypten

Mose ging nach Hause
und bat Jethro, ihn ziehen zu lassen.

Gott sprach zu ihm:

„Geh nach Ägypten –
alle, die dir nach dem Leben trachteten, sind tot."

Mose nahm seine Frau und seine Söhne,
und den Stab Gottes in der Hand.

Auf dem Weg kam ihm der Engel Gottes entgegen
und wollte ihn töten –
denn Mose hatte seinen Sohn nicht beschnitten.

Zipporah nahm einen scharfen Stein,
schnitt die Vorhaut ab
und sprach:

„Du bist mir ein Blutbräutigam!"
So wurde Mose verschont.

Aaron kam ihm entgegen
und küsste ihn auf den Berg Gottes.

Sie gingen zusammen nach Ägypten
und versammelten die Ältesten Israels.

Mose tat die Zeichen,
und das Volk glaubte.

Sie verneigten sich
und beteten –
denn sie hörten, dass Gott ihr Elend gesehen hatte.

Kapitel 83: Mose und Aaron vor dem Pharao

Mose und Aaron traten vor **Pharao**
und sprachen:

„So spricht der Herr, der Gott Israels:
Lass mein Volk ziehen,
dass es mir diene in der Wüste."

Pharao sprach:

„Wer ist der Herr, dass ich seiner Stimme gehorchen sollte?
Ich kenne ihn nicht –
und ich werde Israel nicht ziehen lassen."

Sie antworteten:

„Der Gott der Hebräer ist uns begegnet –
wir bitten, drei Tage in die Wüste zu ziehen."

Doch Pharao wurde zornig:

„Warum haltet ihr das Volk von seiner Arbeit ab?
Ihr seid faul!
Darum sagt ihr: ‚Wir wollen dem Herrn opfern.'"

Er befahl den Aufsehern:

„Gebt ihnen kein Stroh mehr für ihre Ziegel –
sie sollen es selbst sammeln
und dennoch dieselbe Menge leisten!"

Das Volk seufzte unter der Last
und beklagte sich bei Mose.

Mose rief zum Herrn:

„Warum hast du dies zugelassen?
Du hast mich gesandt,
aber das Volk leidet noch mehr."

Kapitel 84: Gottes Antwort und der Trost der Verheißung

Der Herr sprach zu Mose:

„Jetzt wirst du sehen,
was ich Pharao tun werde.
Mit starker Hand wird er sie ziehen lassen –
ja, er wird sie fortjagen."

„Ich bin der Herr –
ich habe Abraham, Isaak und Jakob meinen Bund gegeben.
Und nun habe ich das Stöhnen der Kinder Israel gehört."

„Ich will euch herausführen aus der Knechtschaft,
euch erlösen mit ausgestrecktem Arm,
und euch zu meinem Volk nehmen."

Mose sprach dies dem Volk –
doch sie hörten nicht mehr auf ihn
wegen der Härte ihres Herzens
und des harten Dienstes.

Kapitel 85: Die Zeichen beginnen

Gott befahl Mose und Aaron,
erneut vor Pharao zu treten.

Aaron warf den Stab vor ihm nieder –
und er wurde **zur Schlange**.

Doch auch die ägyptischen Zauberer
warfen ihre Stäbe –
und sie wurden ebenfalls zu Schlangen.

Doch **Aarons Stab verschlang ihre Stäbe.**

Pharaos Herz blieb hart.

Da begann Gott,
Zeichen über Ägypten zu senden.

Kapitel 86 : Die ersten Plagen

1. Wasser zu Blut

Mose streckte den Stab über den Nil –
und alles Wasser wurde zu Blut.
Fische starben,
der Fluss stank,
das Volk konnte nicht trinken.

Doch die Zauberer taten Gleiches –
und Pharao verhärtete sein Herz.

2. Frösche

Mose streckte den Stab –
und Frösche bedeckten das Land:
Häuser, Betten, Backöfen.

Pharao bat Mose zu beten –
und Gott nahm die Frösche weg.
Doch als Ruhe kam,
wurde das Herz erneut hart.

3. Stechmücken (Läuse)

Staub der Erde wurde zu Mücken,
die Mensch und Tier quälten.

Die Magier versuchten es –
doch konnten es nicht.

Sie sprachen:

„Das ist der Finger Gottes."
Doch Pharao blieb unbeeindruckt.

Kapitel 87: Die weiteren Zeichen & die Spaltung der Länder

4. Stechfliegen
Scharen wilder Insekten
füllten Häuser und Felder Ägyptens –
doch **im Land Goschen**
war Ruhe.

5. Viehpest
Pferde, Rinder, Esel, Kamele starben –
nur Israels Herden blieben verschont.

6. Geschwüre
Asche wurde gen Himmel gestreut –
sie wurde zu Geschwüren
auf Menschen und Tieren.

Die Magier konnten nicht mehr stehen
vor dem Angesicht Moses.

Doch Pharao **verhärtete sein Herz** –
und wollte Israel nicht ziehen lassen.

Kapitel 88: Die siebte bis neunte Plage

7. Hagel und Feuer

Mose erhob seine Hand gen Himmel –
und **Hagel** fiel wie nie zuvor:
Feuer durchzuckte die Luft,
Eis zerschlug Bäume und Felder.

Nur **im Land Goschen** blieb alles heil.

Pharao rief:

*„Ich habe gesündigt – der Herr ist gerecht!
Bittet für mich.“*

Mose bat – und der Hagel hörte auf.
Doch Pharao verhärtete sein Herz erneut.

8. Heuschrecken

Gott sandte einen Ostwind –
und mit ihm kamen **Heuschrecken**,
die das Übrige fraßen,
was Hagel und Feuer verschont hatten.

Ganz Ägypten war kahl,
und das Volk schrie.

Pharao bat erneut um Gnade –
und Gott trieb die Heuschrecken fort
mit einem starken Westwind.

Aber Pharao blieb hart.

9. Finsternis

Mose streckte die Hand aus –
und **dichte Finsternis** bedeckte das Land drei Tage lang.

Niemand konnte den anderen sehen,
niemand sich von seinem Platz bewegen.

Aber bei den Kindern Israel
war **Licht** in ihren Wohnungen.

Da sprach Pharao:

„Geht, dient eurem Gott –
nur eure Herden bleiben.“

Mose antwortete:

„Nicht ein Huf bleibt zurück.“

Pharao sprach:

„Geh mir aus den Augen –
du wirst mein Angesicht nicht wiedersehen!“

Mose antwortete:

„Du hast recht gesprochen –
ich werde dich nicht mehr sehen."

Kapitel 89: Die Ankündigung der letzten Plage

Gott sprach zu Mose:

„Noch eine Plage will ich über Pharao bringen –
und danach wird er euch ziehen lassen,
ja, er wird euch fortjagen."

„Und sage dem Volk:
Ein jeder bitte von seinem Nachbarn
Silber und Gold."

Gott gab dem Volk **Gunst in den Augen der Ägypter** –
und Mose wurde **hoch geachtet** im Land.

Dann sprach Gott:

„Um Mitternacht werde ich ausgehen durch Ägypten –
und jeder Erstgeborene wird sterben:
vom Sohn des Pharao
bis zum Sohn der Magd und des Viehs."

„Doch gegen Israel wird kein Hund seine Zunge regen –
damit ihr erkennt,
dass der Herr zwischen Ägypten und Israel unterscheidet."

Kapitel 90: Das erste Passah

Der Herr sprach zu Mose und Aaron in Ägypten:

„Dieser Monat sei euch der Anfang der Monate."

„Am zehnten Tag nehme jeder ein Lamm –
ohne Makel –
für ein Haus."

„Am vierzehnten Tag soll es geschlachtet werden,
und sein Blut auf die Türpfosten gestrichen –

ein Zeichen für den Herrn,
dass er vorübergeht."

„Das Fleisch soll gebraten, mit ungesäuertem Brot und bitteren
Kräutern gegessen werden."

„So sollt ihr es essen:
Die Lenden gegürtet, Schuhe an den Füßen,
den Stab in der Hand –
in Eile."

„Denn es ist das Passah des Herrn –
sein Vorübergehen über das Gericht."

Und das Volk tat alles,
wie Mose es befohlen hatte.

Kapitel 91: Der Auszug aus Ägypten

In der Mitte der Nacht
kam der Engel des Herrn
und schlug alle Erstgeborenen Ägyptens.

Ein großer Schrei erhob sich –
denn es war kein Haus ohne einen Toten.

Pharao rief Mose und Aaron in der Nacht:

„Steht auf – zieht aus meinem Volk,
ihr und die Kinder Israel.
Geht und dient dem Herrn –
nehmt eure Herden, euren Besitz –
und segnet auch mich."

Die Ägypter drängten das Volk:

„Zieht hinaus – sonst sterben wir alle!"

Die Israeliten zogen aus
mit Silber, Gold, Kleidung –
und mit **hoher Hand**,
geführt von der **Wolke des Herrn**.

Sie zogen aus
nach 430 Jahren in Ägypten –
eine Schar von über **600.000 Männern**,
dazu Frauen, Kinder und Fremdlinge.

Und der Herr zog vor ihnen her
in einer **Wolkensäule bei Tag**
und einer **Feuersäule bei Nacht** –
um ihnen den Weg zu zeigen.

Damit endet das **Buch Jaschar** – das einen Zyklus von **Schöpfung, Verheißung, Fall, Wiederherstellung und Befreiung beschreibt**. Ein uraltes Echo der Worte Gottes, das erneut **lebendig wird**.

Das Buch Jaschar (Sefer haYashar) Zusammenfassung

Das **Buch Jaschar** – auch „Sefer haYashar" genannt – ist ein Text von **mystischem Ursprung**, der das Alte Testament in einer **tiefer gewebten, erweiterten Version** erzählt. Nicht als Widerspruch, sondern als **Ergänzung** – eine Rückerinnerung an das, **was zwischen den Zeilen verborgen blieb.**

Zusammenfassung – Die Chronik der Gerechten

Herkunft und Wesen

- Der Name bedeutet: *„Buch des Rechtschaffenen"* oder *„Buch der Gerechten."*
- Wird **mehrfach in der Bibel zitiert** (z. B. Josua 10,13 und 2. Samuel 1,18).
- Überlieferung in einer mittelalterlich-hebräischen Form (vermutlich aus früherer Quelle tradiert).

Es enthält die Geschichte von **Adam bis Joshua** – aber **mit vielen zusätzlichen Details, Klärungen und überlieferten Dialogen**, die im biblischen Text nur angedeutet sind.

Inhalt in Etappen:

1. Von Adam bis Noach

- Die Schöpfung, der Fall, Kain & Abel – erweitert mit **Gesprächen und inneren Entwicklungen.**
- Die Nachkommen Seths leben im Licht, während die Linie Kains zunehmend in Gewalt und Chaos verfällt.
- Henoch wird ausführlicher dargestellt: Ein Prophet, der **in Weisheit lehrt und entrückt wird.**
- Die Sintflut wird mit **weltweiten Auswirkungen** beschrieben – inklusive der Vorbereitung, der Zeit in der Arche und dem neuen Bund.

2. Abraham, Isaak und Jakob

- Abraham wird als Kind bereits **von Gott erwählt** – schon früh widersteht er dem Götzendienst.
- **Nimrod** spielt eine große Rolle: ein König von gewaltiger Macht – doch von Abraham **spirituell überwunden.**
- Die Bindung Isaaks und das Leben Saras werden tiefer entfaltet.
- Jakob & Esau: Ihr Konflikt wird **psychologisch** beleuchtet – nicht nur als Bruderzwist, sondern als **Schicksalslinie zweier Völker.**

3. Josef & Ägypten

- Josefs Lebensweg, seine Träume und Prüfungen – mit Dialogen zwischen ihm und Potiphars Frau, den Engeln, den Brüdern, dem Pharao.

- Jakobs Segen an seine Söhne ist **prophetischer** als im biblischen Text.

4. Moses und die Befreiung

- Die Geburt Moses – seine Kindheit am Hof des Pharaos – seine Flucht, Berufung und Rückkehr werden **dramatischer beschrieben**.

- Die Plagen über Ägypten und der Auszug sind ausführlicher beschrieben mit Erklärungen zu **geistigen Ursachen** hinter den Ereignissen.

- Das **Durchqueren des Roten Meeres**, das Manna, und die Offenbarung am Sinai sind **feiner verwoben** mit göttlichen Zeichen und **himmlischem Eingreifen**.

Zentrale Themen im Buch Jaschar

1. Gottes Führung durch gerechte Menschen

Die Gerechten (Jasharim) sind nicht perfekt – aber sie **lassen sich führen**.

2. Erinnerung als geistiges Überleben

Das Buch selbst ist **Gedächtnis** und fordert dazu auf, die **Geschichte mit dem Herzen und** nicht nur mit den Augen zu lesen.

3. Verborgene Zusammenhänge werden sichtbar

Zwischen den Zeilen der Tora liegt ein Strom – **Jaschar** taucht tiefer hinab.

Essenz des Buches Jaschar – für uns

- **Nicht alles ist neu – aber vieles wurde vergessen. Dieses Buch will erinnern.**

- Die Gerechten sind nicht die Starken – sondern die Treuen.
- Wer Gottes Geschichte kennt, wird seine eigene erkennen.

Die Apokalypse des Baruch

(auch genannt: 2. Baruch – das Buch der Erleuchtung nach dem Fall Jerusalems)

Hintergrund:

Dieses Buch wurde vermutlich **nach der Zerstörung Jerusalems im Jahr 70 n. Chr.** geschrieben.

Der Verfasser schreibt **im Namen Baruchs**, des treuen Schreibers des Propheten Jeremia.

Es richtet sich an alle, die Fragen haben:

„Warum geschieht das alles? Wo ist Gott in den Trümmern?"

Und die Antwort lautet:

„Die Welt vergeht – aber das Reich Gottes ist nicht von dieser Welt."

„Die Gerechten werden verstehen – und sie werden das neue Licht empfangen."

Die Apokalypse des Baruch – Der Blick auf das Ende der alten Welt

Sie wurde von einem Mann geschrieben, der das Ende kommen sah – nicht aus Angst, sondern aus Klarheit.

Baruch war der Schreiber des Propheten Jeremia, ein Zeuge des Untergangs Jerusalems und ein Mann mit einer inneren Verbindung zum Göttlichen.

Die Apokalypse des Baruch entstand nach der Zerstörung des Tempels durch die Babylonier. Doch anstatt nur zu trauern, blickt Baruch weiter – viel weiter.

Er fragt:

- "Warum geschieht so viel Leid?"
- "Warum triumphiert das Böse scheinbar?"
- "Und was erwartet jene, die treu geblieben sind?"

Die Antwort, die er empfängt, ist machtvoll:

- Die Welt ist ein Prozess – nicht das Ende.
- Der Gerechte wird nicht untergehen.
- Und die Wiederherstellung erfolgt nicht durch Macht, sondern durch Erkenntnis, Gerechtigkeit und Licht.

Besonders bewegend: **Baruch sieht Visionen von der Zukunft.**

Er sieht sieben große Prüfungen, dunkle Mächte, die sich erheben – aber auch das Kommen eines Messias, der nicht richtet, sondern heilt.

Seine Worte sind keine Angstprophetie – sie sind ein Aufruf zum Vertrauen: *„Fürchte nicht, was kommt – denn das Wahre bleibt."*

Die Apokalypse des Baruch ist kein Untergangsdrama – sie ist eine Botschaft an jene, die im Chaos das Licht nicht vergessen haben.

Struktur grob überblickt:

Kapitel 1–12
Baruchs Klage & Gottes Antwort nach der Zerstörung Jerusalems.

Kapitel 13–20
Baruch spricht mit Engeln & betet für das Volk.

Kapitel 21–34
Visionen über Zeit, Ewigkeit und das kommende Lichtreich.

Kapitel 35–46
Gleichnisse und Antworten Gottes zur Frage des Leidens.

Kapitel 1: Baruch sieht den Untergang kommen

„Das Wort des Herrn kam zu Baruch,
nachdem die Armee Babylons Jerusalem umstellt hatte."

Baruch sitzt beim Tempel.
Er hört das Weinen der Mauer.
Er sieht, wie der Rauch über der Stadt aufsteigt.

Und er ruft:
„O Herr, dein Heiligtum brennt!
Dein Volk ist zerstreut!
Wirst du nun für immer schweigen?"

Kapitel 2: Die Stimme Gottes antwortet

Da kam die Stimme Gottes zu Baruch –
nicht als Donner,
sondern wie Wind durch verbrannte Felder:

„Wirst du für mich weinen?
Ich selbst habe dies zugelassen –
nicht aus Zorn,
sondern aus Gerechtigkeit."

„Denn mein Volk hat vergessen,
wer es ist.
Es hat sich verlassen auf Mauern aus Stein –
nicht auf das Herz."

Kapitel 3: Baruch klagt weiter

Baruch fällt nieder, sein Herz ist schwer:

„Warum lässt du es zu, Herr?
Waren die Völker schlimmer als wir?
Warum triumphieren die,
die deinen Namen nicht kannten?"

„Warum zerbrichst du,
was du selbst erschaffen hast?"

Kapitel 4: Gott spricht vom verborgenen Maß

Da spricht der Herr:

„Baruch, du siehst mit den Augen der Zeit –
aber ich messe mit den Schalen der Ewigkeit."

„Du fragst: Warum?
Ich frage: Wer bleibt treu, wenn das Äußere fällt?"

„Ich habe nicht mein Volk verworfen –
aber ich reiße nieder,
was aus Hochmut erbaut wurde."

Und Gott fügt hinzu:

„Das wahre Heiligtum ist in den Gerechten.
Ich prüfe,
nicht um zu vernichten –
sondern um zu reinigen."

Kapitel 5: Baruch empfängt den Auftrag

Da stand Baruch auf –
und der Herr sagte zu ihm:

„Nimm Papier und Tinte.
Schreibe diese Worte auf –
für jene,
die nach der Finsternis
das Licht suchen werden."

Baruch beginnt zu schreiben –
nicht für seine Generation,
sondern für die, die **den Schmerz durchschreiten**
und das Reich erwarten,
das **nicht aus Stein,**
sondern aus **Geist** *gebaut ist.*

Kapitel 6: Die Kraft des Schweigens

Baruch schreibt:

„Und ich schwieg sieben Tage –
und aß kein Brot und trank kein Wasser."

Denn er war von tiefer Trauer erfüllt
über das, was über Jerusalem gekommen war.

Kapitel 7: Die zweite Stimme des Herrn

Am achten Tag sprach der Herr:

„Warum bist du verzweifelt, Baruch?
Siehst du nur, was vergeht –
oder erkennst du, was ich vorbereite?"

„Denn dieses Leid ist nicht das Ende –
sondern der Anfang eines Wandels.
Ich bringe das Alte zu Fall,
um Platz für das Ewige zu schaffen."

Kapitel 8: Die Zeit wird zu Staub

Der Herr spricht weiter:

„Die Zeit selbst wird vergehen –
wie Kleidung, die alt wird."

„Aber mein Reich ist nicht aus Zeit gemacht –
es ist aus Licht,
aus Wahrheit,
aus Gerechtigkeit."

Kapitel 9: Baruchs Gebet um Erkenntnis

Baruch hebt seine Stimme:

„O Herr, du hast Himmel und Erde geschaffen.
Du hast den Menschen aus Erde geformt –
und ihm Leben gegeben."

„Aber warum, Herr,
muss das Gute so oft untergehen,
und das Böse wachsen wie Unkraut?"

Kapitel 10: Die Antwort des Höchsten

Der Herr antwortet:

„Die Zeit ist wie ein Gefäß –
und jedes Gefäß hat ein Maß."

„Wenn die Zeit der Gottlosen voll ist –
dann wird sie zerbrechen."

„Aber ich werde nicht die Gerechten mit den Frevlern vergehen
lassen.
Ich sehe sie.
Ich zähle sie.
Ich kenne sie."

Kapitel 11: Hoffnung für die Gerechten

„Baruch, sage es denen,
die weinen um mein Heiligtum:
Der Tempel aus Stein ist vergangen –
aber der Tempel im Herzen ist nicht zerstört."

„Und ich werde ihn neu bauen –
nicht mit Werkzeug,
sondern mit Licht."

Kapitel 12: Baruch wird getröstet

Baruch spricht:

„Herr, ich sehe dein Maß.
Ich erkenne deinen Plan.
Nicht mit Augen, sondern mit Geist."

Und der Herr segnet ihn:

„Du bist ein Schreiber meines Willens.
Schreibe weiter –
für jene, die noch kommen werden.
Sie werden diese Worte finden,
wenn die Welt wieder wankt."

Kapitel 13: Die Stimme der Gerechten

Baruch spricht:

„Ich hörte die Stimme der Gerechten –
die in Trauer beteten in den Trümmern Jerusalems."

Sie sprachen:

„Herr, wir haben gesündigt –
aber nicht wie die Nationen!
Warum hast du uns so schwer geschlagen?"

Baruch weint mit ihnen
und hebt sein Herz empor:

„O Herr, wie lang noch?
Wie lang wirst du das Leid der Deinen ertragen lassen?"

Kapitel 14: Baruchs zweite Vision

Und der Herr sprach:

„Baruch, tritt hinaus auf den Berg.
Ich werde dir zeigen,

was die Welt nicht kennt –
und was du schreiben sollst für die, die kommen."

Baruch gehorcht,
und ihm wird eine **Vision der kommenden Welt** geöffnet.

Kapitel 15: Die sieben große Zeiten

Der Herr spricht zu Baruch:

"Sieben Zeiten habe ich bestimmt für diese Welt."

Und er zeigt ihm:

1. Die Zeit des Anfangs – mit Reinheit und Licht.
2. Die Zeit der Vermischung – Gut und Böse ringen.
3. Die Zeit der Verwirrung – Wahrheit wird verfolgt.
4. Die Zeit der Auflösung – Mauern stürzen.
5. Die Zeit der Stille – die Gerechten werden verborgen.
6. Die Zeit der Prüfung – das Maß wird gefüllt.
7. Die Zeit des Lichts – das Neue wird offenbar.

"Und danach – keine Zeit mehr.
Nur Licht, nur Wahrheit, nur Leben."

Kapitel 16: Baruchs Staunen

Baruch fällt nieder:

"O Herr, wer bin ich,
dass du mir solches offenbarst?
Wie soll ich dies schreiben für jene,
die nichts mehr glauben können?"

Und der Herr sagt:

"Schreibe – auch wenn es nicht verstanden wird.
Denn der Tag wird kommen,
an dem diese Worte Leben schenken."

Kapitel 17: Die Prüfung der Gerechten

Baruch fragt:

„Herr, was wird aus den Gerechten in der Zeit der Finsternis?"

Der Herr antwortet:

„Ich werde sie verbergen in meinem Schutz.
Sie werden nicht herrschen,
aber sie werden bestehen.
Sie werden verfolgt,
aber nicht verlassen."

Kapitel 18: Die Frevler der Zeit

Baruch sieht eine Vision:

„Da waren Menschen, die lachten über Licht –
die das Gute verspotteten
und das Gesetz mit Füßen traten."

Und er hörte die Stimme Gottes:

„Sie haben sich selbst zu Königen gemacht –
aber ich habe sie nicht erwählt."

„Sie bauen auf Sand –
und der Wind wird kommen."

Kapitel 19: Das goldene Maß

Und Baruch sah eine Waage –
aus Licht gefertigt.

Auf der einen Seite: die Werke der Gerechten.
Auf der anderen: der Lärm der Welt.

Und siehe – die **Stille** der Gerechten
wog mehr als alle Stimmen zusammen.

„So messe ich", sprach der Herr,
„nicht nach Lautstärke,
sondern nach Wahrhaftigkeit."

Kapitel 20: Baruch empfängt Stärke

Am Ende dieser Offenbarung
sprach der Herr zu Baruch:

„Sei stark –
denn du wirst mein Wort tragen
für viele, die es noch nicht verstehen."

„Schreibe, weine, wache –
denn du bist mein Zeuge in einer wankenden Zeit."

Kapitel 21: Baruch sieht den Himmel offen

Baruch berichtet:

„Und ich erhob meine Augen –
und siehe: Der Himmel wurde wie eine Tür geöffnet."

„Ich sah dort Schriften aus Licht,
und Engel, die sie verwahrten –
jede Zeile ein Gedanke Gottes."

Und der Herr sprach:

„Diese Schriften enthalten das Maß aller Dinge –
sie werden nur jenen offenbart,
die in Demut wandeln."

Kapitel 22: Die Gerechtigkeit bleibt bestehen

„Baruch", sprach der Herr,
„du siehst den Untergang Jerusalems.
Aber ich sage dir:
die Gerechtigkeit fällt nicht mit den Mauern."

„Denn meine Gerechtigkeit lebt
in jedem, der barmherzig handelt
und den Fremden liebt."

„Wer mein Licht trägt,
der gehört mir –
auch wenn kein Tempel mehr steht."

Kapitel 23: Die Zahl der Gerechten

Baruch fragt:
„Herr, wie viele werden gerettet werden?"

Und der Herr antwortet:
„Die Zahl ist nicht gering –
aber sie ist verborgen."

„Denn viele tun Gutes,
aber nicht aus Liebe.
Und manche scheinen gering,
aber ihr Herz ist rein wie Wasser."

„Ich kenne sie.
Ich zähle sie nicht nach Werken,
sondern nach Wahrheit."

Kapitel 24: Das Licht jenseits der Zeit

Baruch sieht ein Licht –
das nicht von der Sonne war.
Und der Herr spricht:

„Dies ist das Licht des kommenden Zeitalters.
Es wird keine Nacht mehr geben –
denn mein Licht ist in ihnen."

„Die Weisen dieser Welt haben es verachtet –
aber meine Kinder erkennen es im Stillen."

Kapitel 25: Das Buch der Entscheidungen

„Und der Herr zeigte mir ein Buch,
in dem die Wege aller Menschen geschrieben waren."

Und eine Stimme sprach:

„Jeder Schritt wird erinnert.
Aber das Gericht ist nicht grausam –
es ist klärend."

„Denn ich richte nicht mit Zorn –
sondern mit Wahrheit."

Kapitel 26: Die zwei Wege

Baruch sieht zwei Wege:

- Der eine ist **breit, hell, laut** – er führt bergab.
- Der andere ist **schmal, steinig, still** – er führt empor.

Und der Herr sagt:

„Viele wählen den ersten –
aber sie wissen nicht, dass er in Dunkelheit endet."

„Wer den zweiten geht,
mag einsam sein –
aber er wird mich finden."

Kapitel 27: Die Zeit der Umkehr

Der Herr spricht:

„Noch ist es Zeit –
noch öffnet sich der Himmel dem,
der zurückkehrt."

„Ich verstoße nicht den,
der aus der Finsternis zu mir ruft."

„Meine Geduld ist größer als die Schuld –
aber sie ist nicht ewig."

Kapitel 28: Baruchs drittes Gebet

Baruch spricht:

„O Herr, lehre mich deine Wege,
damit ich sie weitersage denen,
die noch suchen."

„Mach mein Herz wie einen Spiegel –
damit dein Licht sich in mir zeigt."

Und der Herr antwortet:

„Du hast recht gebeten.
Nicht um Macht,
nicht um Rache,
sondern um Weisheit."

„Darum werde ich mit dir gehen."

Kapitel 29: Die Prüfung der Völker

Baruch sieht viele Völker –
und Engel, die sie beobachten.

Und der Herr sagt:

„Ich habe sie alle erschaffen –
aber nicht alle sind in mir geblieben."

„Die Welt wird zittern –
nicht weil ich zürne,
sondern weil ich Wahrheit sende."

Kapitel 30: Die sieben große Wandlungen

Und Baruch sieht sieben Bilder –
je eines für jede Zeit:

1. Ein Baum, der verdorrt und wieder grünt

2. Ein Fluss, der austrocknet und dann überfließt

3. Ein Kind, das schweigt und dann spricht

4. Ein Haus, das einstürzt und neu gebaut wird

5. Ein Stern, der fällt und wieder aufsteigt

6. Ein Gesicht, das weint und dann lacht

7. Ein Herz, das einsam war – und dann erkennt: Es war nie allein

Und der Herr sprach:
„So ist meine Welt.
Sie stirbt – damit sie leben kann."

Kapitel 31: Trost für die Letzten

„Baruch, schreibe dies nieder:
Die Letzten werden nicht geringer sein als die Ersten."

„Denn ich werde unter ihnen wohnen –
nicht im Tempel,
sondern im lebendigen Herzen."

Kapitel 32: Das Maß der Welt

Baruch sieht eine goldene Kugel,
die sich dreht – langsam und beständig.

Und eine Stimme spricht:

„So ist die Welt –
ein Kreis in meiner Hand.
Kein Chaos – nur Ordnung, die ihr nicht seht."

Kapitel 33: Die Geduld der Gerechten

„Die Gerechten warten –
aber sie werden nicht vergeblich warten."

„Denn ich bin nicht langsam,
wie Menschen es für Langsamkeit halten."

„Ich bin vollkommen –
auch in meinem Warten."

Kapitel 34: Die Feder des Baruch

Und der Herr spricht:

„Baruch – deine Feder ist wie ein Schwert,
aber sie verletzt nicht.
Sie heilt."

„Was du schreibst,
wird viele Generationen überdauern."

Apokalypse des Baruch

Die Kapitel 35 bis 46 finden Sie hier in einer
Langfassung – in stiller Klarheit, prophetisch und
bildhaft.

Kapitel 35: Baruchs Klage

Baruch ging zur heiligen Stätte, wo einst der Tempel gestanden hatte. Er setzte sich auf die Trümmer der verwüsteten Stadt und begann bitterlich zu weinen. Vor den zerbrochenen Steinen erinnerte er sich an die vergangene Herrlichkeit: Hier, genau an diesem Ort, hatte früher der Hohepriester die heiligen Opfer dargebracht; hier hatte er Weihrauch aus duftenden Gewürzen auf dem Altar verbrannt. Nun aber war all dieser Glanz in Staub zerfallen, die Sehnsucht seiner Seele lag in Asche.

Mit gebrochener Stimme klagte Baruch: *„Ach, wären doch meine Augen Quellen, damit meine Lider zu einem unerschöpflichen Tränenstrom würden!"* Kein Weinen schien ihm genug, um den Schmerz über **Zion** auszudrücken, keine Klage ausreichend, um **Jerusalem** zu betrauern. In seinem Geist sah er die einstigen Mauerwerke und Altäre – jetzt nur noch Schutt und Staub. Wie sollte er je angemessen seufzen über Sions Fall, wie genug trauern um Jerusalem? Baruch verharrte auf den Steinen, die Hände zum Himmel erhoben, und ließ seine Tränen für das gefallene Heiligtum fließen.

Kapitel 36: Vision vom Wald, Weinstock, Quelle & Zeder

Erschöpft von Trauer und Gebet, schlief Baruch dort auf den Tempelruinen ein. In der Nacht empfing er eine Vision, ein Bild voller Geheimnis: Er sah eine weite Ebene vor sich, in der ein gewaltiger **Wald** emporgewachsen war. Dichte Bäume bedeckten das Land, und rund um den Wald erhoben sich hohe, schroffe Felsenberge. Der Wald wirkte stark und unbezwingbar, die Bergklippen ragten schützend um ihn empor.

Doch gegenüber diesem Wald spross ein **Weinstock** aus der Erde, zunächst unscheinbar. An seinen Wurzeln entsprang eine kleine **Quelle**, die leise und friedlich vor sich hin rieselte. Dieses sanfte Quellwasser floss vom Weinstock weg und auf den Wald zu. Während Baruch zuschaute, schwoll die Quelle plötzlich mächtig an. Der Rinnsal wurde zu einem starken **Strom**, der unaufhaltsam auf den Wald zuströmte. Schließlich verwandelte sich das Wasser in eine gewaltige Flutwelle, die mit Donnern und Tosen den Wald erreichte.

Die Wogen brachen über die Bäume herein und überschwemmten den ganzen Wald. Viele Bäume wurden von den Wassermassen aus den Wurzeln gerissen. Gewaltig brauste die Flut weiter und riss sogar Teile der felsigen Berge rings um den Wald hinweg. Der einst hoch aufragende Wald wurde niedergebrochen – die Baumwipfel und selbst die Berggipfel sanken immer tiefer unter der Kraft des strömenden Wassers dahin.

Baruch erkannte, wie der Wald, eben noch stolz und groß, immer weiter in sich zusammensank. Nichts konnte der Flut standhalten. Schließlich blieb von all den zahllosen Bäumen des Waldes nur ein einziger Baum stehen: eine hohe **Zeder** ragte als letztes Überbleibsel empor, während ringsum alles andere bereits verwüstet war. Doch die Quelle schwoll noch einmal auf und ihre Wasser rissen nun auch diese einzelne Zeder um. Der mächtige Baum stürzte zu Boden. So wurde der gesamte Wald vernichtet und entwurzelt, bis kein Baum und kein Strauch mehr übrig war. Die Flut hatte alles mit sich fortgespült, und die Stätte, an der der Wald gestanden hatte, war nicht einmal mehr zu erkennen.

Dann, ganz plötzlich, kehrte **Stille** ein. Die **Quelle** und der **Weinstock** näherten sich dem Ort, wo die gefallene Zeder lag, nun in aller Ruhe und Frieden. Sachte strömte das Wasser, als würde es den Weg bereiten, und trug den umgestürzten Baumstamm der Zeder hin zu dem Weinstock. Baruch beobachtete staunend, was als Nächstes geschah.

Vor seinen Augen öffnete der Weinstock gleichsam seinen Mund und begann **zu der Zeder zu sprechen**, die entwurzelt am Boden lag. In der Vision hörte Baruch die Stimme des Weinstocks laut und deutlich: „Bist du nicht jene Zeder, die als Einzige aus dem Wald der Bosheit übriggeblieben ist? Wegen dir hat die Ungerechtigkeit all die Jahre weitergewütet und niemals ist Gutes daraus hervorgegangen. Was nicht dein Eigen war, darauf hast du mit Stärke gegriffen, und was dir gehörte, das hast du niemals mit Erbarmen behandelt. Deine Herrschaft hast du ausgedehnt über ferne Länder, die dir niemals zustanden, und selbst die dir Nahen hast du in das Netz deiner Bosheit gezogen. Stets hast du dich überhoben, als könnte dich niemand jemals entwurzeln.

Doch nun ist deine Zeit abgelaufen, die Stunde deines Falls ist gekommen. So höre mein Wort: Geh nun auch du den Weg des Waldes, der vor dir schon gefallen ist. Stürze in den Staub wie die übrigen Bäume und werde mit ihnen zu Sand! Euer aller Staub soll sich vermischen. Schlaf nun in Kummer und ruhe in Qual, bis deine letzte Zeit anbricht – denn du wirst zurückkehren, um noch größeres Leid zu ertragen."

So sprach der Weinstock in Baruchs Traum zu der gefällten Zeder. Die Worte hallten nach, und eine feierliche Stille legte sich danach über die Szene.

Kapitel 37: Das Ende der Vision

Baruch schaute weiter in seinem Nachtgesicht. Nachdem der Weinstock seine Worte gesprochen hatte, sah Baruch, wie die gefällte Zeder plötzlich in Flammen aufging. Der ganze Baum brannte lichterloh. Gleichzeitig begann der Weinstock kräftig zu wachsen, höher und höher streckte er sich gen Himmel. Um den Weinstock herum breitete sich nun eine weite **Ebene voller Blumen** aus. Diese Blumen waren wundersam: ein ganzes Tal von Blüten, die niemals verwelkten, leuchtend und unverändert frisch in ihrer Schönheit.

Auf dieses hoffnungsvolle Bild hin endete Baruchs Vision. Im gleichen Augenblick erwachte er aus dem Schlaf. Er öffnete die Augen, stand von seinem Lager auf und sammelte sich, tief beeindruckt von dem, was er gesehen hatte. Das Feuer der Zeder, der wachsende Weinstock und die unvergänglichen Blumen – all dies war ihm als Offenbarung gezeigt worden, deren Sinn er noch nicht vollständig verstand.

Kapitel 38: Baruchs Gebet um Verständnis

Noch in der Stille der Nacht kniete Baruch nieder und begann zu beten. Mit demütiger Stimme rief er zu Gott, dem Höchsten: „O Herr, mein Gott! Du erleuchtest alle, die sich verständig und aufrichtig verhalten. Dein Gesetz ist das Leben, und deine Weisheit weist den rechten Weg. So bitte ich dich: enthülle mir die Bedeutung dieser Vision! Zeige mir, was dieses Nachtgesicht bedeutet, das du mir schauen ließest.

Du weißt, Herr, wie sehr meine Seele sich immer an dein Gesetz gehalten hat. Von meiner Jugend an bin ich deiner Weisheit gefolgt und habe mich nie von ihr abgewandt. Gerade weil ich dein Wort liebe, flehe ich dich nun an: Gib mir Einsicht in das, was ich gesehen habe, damit mein Herz Ruhe findet."

So betete Baruch in der Dunkelheit inständig um Verstehen. Sein Geist war bewegt von dem, was er geschaut hatte, doch er vertraute darauf, dass Gott ihm die Deutung offenbaren würde. In seinem Gebet lobte er Gottes Weisheit und bekannte seine eigene Treue, während er zugleich wie ein Kind um Erklärung bat.

Kapitel 39: Deutung der Vision

Da erhörte der **Allmächtige** Baruchs Bitte. Eine Stimme antwortete ihm – ruhig und klar - und offenbarte sich dem inneren Ohr des Propheten:

„Baruch, höre nun die Deutung des Gesichtes, das du geschaut hast. Der große Wald, den du gesehen hast, umgeben von hohen, wilden Bergen, stellt Folgendes dar: In naher Zukunft werden Tage kommen, da wird **jenes mächtige Königreich, das einst Zion zerstörte, selbst zerstört** werden. Eine andere Macht, eine zweite, wird nach ihm kommen und es unterjochen. Doch auch diese zweite Herrschaft wird nur eine bestimmte Zeit bestehen: Nach einigen Jahren wird sie ebenfalls fallen und vergehen. Dann wird eine **dritte** Macht aufsteigen und für ihre Zeit die Herrschaft übernehmen – doch auch diese dritte wird am Ende wieder zerstört werden, wie die vorherigen.

Danach aber wird ein **viertes Königreich** *kommen, stärker und erbarmungsloser als alle seine Vorgänger.* Dieses vierte Reich wird lange Zeiten regieren, ja viel länger als die anderen – so wie der dichte Wald die ganze Ebene beherrschte. Seine Macht wird hoch aufragen, höher als die Zedern des Libanon. In jener Zeit wird die **Wahrheit verborgen** sein: In den Schatten dieses Königreichs werden all jene fliehen, die sich mit Unrecht und Frevel befleckt haben – so wie wilde Tiere sich in den Wald flüchten. Unter der Herrschaft dieser vierten Macht werden viele sich der Bosheit zuwenden und die Wahrheit wird schwer zu finden sein.

Wenn dann aber die vorbestimmte Zeit des Endes für dieses Reich herankommt, wenn die Stunde seines Falls naht, **offenbart sich die Herrschaft meines Gesalbten.**"

Die Stimme des Höchsten fuhr fort und Baruch lauschte mit angehaltenem Atem:

„Die Ankunft meines Gesalbten – du hast ihn in der Vision als jene Quelle und jenen Weinstock gesehen – wird die Wende bringen. Sobald ER, der Gesalbte, erscheint, wird er die gewaltigen Heere dieses gottlosen Reiches überwinden und ausrotten, so wie du es im Traum gesehen hast, als die Flut den Wald vernichtete.

Und nun zu der einzelnen hohen Zeder, die du zuletzt noch stehen sahst, und den Worten, die der Weinstock an sie richtete: Auch das hat seine Bedeutung.‟

Bei diesen Worten spürte Baruch, dass ihm nun der Schlüssel zum letzten Teil der Vision gegeben würde. Er hörte aufmerksam weiter, um Gottes Erklärung vollständig zu empfangen.

Kapitel 40: Der letzte Herrscher wird vom Messias gerichtet

Die Stimme des **Herrn** erklärte nun den letzten Teil der Offenbarung:

„Die hohe Zeder, die als Einzige übrig blieb, stellt den **letzten Herrscher** des vierten Königreichs dar. Dieser letzte Führer jener Bosheit wird zwar als einziger noch am Leben bleiben, nachdem sein ganzes großes Heer bereits vernichtet ist – doch auch er wird seinem Gericht nicht entgehen. Man wird ihn gefangen nehmen und in Ketten auf den Berg **Zion** bringen. Dort, an meinem heiligen Ort, wird **mein Gesalbter**, der Messias, ihm gegenübertreten. Er wird ihn all seiner schändlichen Taten anklagen, einen nach dem anderen alle seine Frevel ans Licht bringen. Die bösen Werke dieses Herrschers und auch die Untaten all seiner Truppen wird der Messias vor seinen Augen aufdecken und vor ihm ausbreiten.

Nachdem dem letzten Herrscher so sein ganzes Unrecht vorgehalten worden ist, wird **das Urteil vollstreckt**: Der Gesalbte wird ihn töten. Damit wird jene letzte Wurzel des Bösen abgeschnitten. Und danach wird mein Gesalbter die übrigen **Menschen meines Volkes** beschützen – all jene, die in jenem Zeitpunkt in dem von mir erwählten Land übrig geblieben sind, sollen in Sicherheit sein.

Die Herrschaft meines Gesalbten aber, die mit diesem Sieg anbricht, wird **für immer bestehen bleiben**. Er wird regieren, bis die Welt des Verderbens ihr Ende gefunden hat und die Zeiten, die ich im Voraus bestimmt habe, erfüllt sind. Sein Reich des Friedens ist das Reich ohne Ende.

Dies, Baruch, ist die Bedeutung deiner Vision. Du hast nun gesehen und gehört, was kommen wird, und verstanden, was das Nachtgesicht dir sagen sollte."

So endete Gottes Erklärung der Vision. Baruch hatte nun erfahren, dass die scheinbar unbezwingbaren Reiche der Erde der Reihe nach untergehen würden und schließlich das Reich des **Gesalbten** – des Messias – anbrechen würde, das ewig besteht. Doch obwohl Baruch nun die Vision verstanden hatte, regten sich in seinem Herzen weitere Fragen über das Schicksal der Menschen seines Volkes.

Kapitel 41: Baruchs Frage nach den Verirrten und Bekehrten

Baruch neigte sich ehrfürchtig, dann wagte er eine Frage an den Herrn. In Sorge um sein Volk sprach er aus, was ihn bewegte: „O Herr, für wen werden all diese wunderbaren Dinge eigentlich geschehen, und wie viele werden es erleben? Wer wird würdig sein, in jener kommenden Zeit zu leben?"

Baruch sammelte seinen Mut und fuhr fort: „*Erlaube mir, meine Gedanken offen vor dich zu legen und dich um das zu bitten, was ich auf dem Herzen habe. Du hast mir Großes über die Zukunft gezeigt – doch was wird aus den verschiedenen Menschen deines Volkes? Ich sehe nämlich, dass viele aus deinem Volk deinen Geboten untreu geworden sind.*"

Baruchs Stimme wurde betrübt, als er an sein Volk dachte: „*Ja, ich habe viele gesehen, die sich von deinen Gesetzen und Weisungen getrennt haben. Sie haben das Joch deines Gesetzes von sich geworfen und gehen nun ihre eigenen Wege.*" Diese Menschen, die vom Weg Gottes abgeirrt waren, bereiteten ihm Kummer.

„*Doch ich habe auch andere gesehen,*" fuhr Baruch hoffnungsvoll fort, „*nämlich jene, die ihre eitlen, falschen Wege hinter sich gelassen haben. Sie sind unter deine Flügel geflohen, Herr – sie haben Zuflucht bei dir gesucht und sich dir zugewandt.*" Hier dachte Baruch an alle, die inmitten der Wirren bereut und Gottes Nähe gesucht hatten.

Nun kam Baruch zur eigentlichen Frage, die schwer auf ihm lastete: „*Was wird also aus diesen beiden Gruppen von Menschen werden? Wie wird die* **Endzeit** *sie aufnehmen und über sie urteilen? Werden jene Zeiten des Endes jeden genau gleich abmessen? Wird jeder strikt nach dem gleichen Maßstab gerichtet werden, ungeachtet ihres unterschiedlichen Weges?*"

Baruch seufzte und fragte fast flehentlich: „Wird die vergangene Zeit eines jeden Menschen in die Waagschale gelegt, und entscheidet ihr Gewicht allein über ihr Schicksal? Oder gedenkst du, Herr, der Unterschiede – dass die einen lange treu waren und dann abfielen, während andere spät zu dir fanden?"

Diese Frage nach dem „Warum" und „Wie" brannte in Baruchs Seele: Warum hatten manche dein Gesetz verlassen, andere aber waren neu hinzugekommen – und wie, o Herr, wirst du am Ende mit jedem verfahren? In tiefer Anteilnahme an seinem Volk wartete Baruch auf die Antwort des Allerhöchsten.

Kapitel 42: Gottes Antwort: Gerechtigkeit & Barmherzigkeit

Da sprach Gott erneut zu Baruch und gewährte ihm Einsicht in dieses Geheimnis: „Auch darauf will ich dir antworten, Baruch, damit du es verstehst." Die Stimme des Herrn war voll sanfter Autorität, als er erklärte:

„Du hast gefragt: Für wen und für wie viele werden die angekündigten Güter der kommenden Zeit sein? Höre die Antwort: **Die guten Dinge, von denen ich gesprochen habe, sind bestimmt für alle, die geglaubt haben.** Alle, die an meinen Bund festhielten und mir vertrauten, werden das verheißene Gute empfangen. Die anderen jedoch, die es verachtet und meinen Worten misstraut haben, erwartet das Gegenteil – Unglück und Verlust.

Und nun zu deiner Frage nach jenen, die sich mir **genähert** haben, und jenen, die sich **abgewandt** haben. Es sind verschiedene Gruppen, und ich werde gerecht mit ihnen allen handeln.

Diejenigen, die zuerst treu waren – die sich mir zunächst unterworfen hatten – und die sich dann später von mir losgesagt haben, um sich mit den heidnischen Völkern zu vermischen, deren Weg kein reiner ist: Für sie wird **die frühere Zeit ihrer Treue** als etwas Großes angesehen werden. Ihre ersten Werke des Gehorsams und Glaubens bleiben also nicht unbeachtet. Obwohl sie abgefallen sind, wird ihre anfängliche rechtschaffene Zeit gewürdigt – so, als türmte sich ein hohes Gebirge an Verdienst aus den Jahren, da sie mir dienten.

Und jene, die zuerst nichts vom wahren Leben wussten – die in Unwissenheit oder Eitelkeit lebten – und die später erst genau erkannt haben, was Leben ist, und sich dann meinem abgesonderten Volk angeschlossen haben: Für sie wird **die spätere Zeit ihrer Umkehr** als etwas Großes gelten. Ihre letzten Jahre der Erkenntnis und Treue werden schwer ins Gewicht fallen, gleichsam als mächtige Berge an guten Taten. Auch wenn sie anfangs fern von mir waren, zählt ihre am Ende gewonnene Rechtschaffenheit in hohem Maße.

So werden also unterschiedliche Zeiten und Abschnitte des Lebens aufeinander folgen und einander ablösen. Eine Zeit erbt von der anderen, und ein Zeitraum nimmt etwas vom vorigen auf. Am Ende jedoch werde **ich alles ins rechte Verhältnis setzen**. Wenn das **Ende der Zeiten** kommt, wird alles genau abgewogen und ausgeglichen werden – gemäß der Länge der Zeiten und der Zahl der Lebensstunden, die jeder im Gehorsam oder im Ungehorsam verbracht hat. Mein Gericht wird vollkommen gerecht sein und doch jedem gnädig das Seine zuteilen. Niemand wird ungerechterweise verloren gehen oder gerettet werden – alles wird dem wahren Maß entsprechen, das nur ich vollkommen kenne.

Am Ende gilt: **Das Verderben nimmt die an sich, die zum Verderben gehören, und das Leben nimmt die zu sich, die zum Leben gehören.** *Jeder wird ernten, was er gesät hat.* Die Gottlosen fallen der Vernichtung anheim, denn sie haben sich der Vernichtung verschrieben. Die Gerechten aber empfängt das ewige Leben, denn sie waren dem Leben treu.

Und dann wird die Erde selbst – der Staub, der alle Toten bedeckt – seine Pflicht erfüllen. Es wird zum Staub gesprochen: **,Gib alles her-**

aus, was nicht für immer dir gehört! Erwecke alle, die du bis zu der bestimmten Zeit aufbewahrt hast!' *Dann wird die Erde die Verstorbenen freigeben.* Mit diesem machtvollen Bild kündigte Gott die **Auferstehung** an: Die Gräber werden geöffnet, die Toten zurückgefordert, und jeder Mensch wird vor seinem Schöpfer stehen.

So offenbarte Gott Baruch, dass letztlich Gerechtigkeit und Barmherzigkeit zum Tragen kommen. Jeder Mensch – ob er vom Weg abgeirrt oder neu hinzugekommen war – würde am Ende entsprechend Gottes vollkommenem Maßstab behandelt. Baruchs Herz wurde ruhig, als er diese weisen Worte vernahm und begriff, dass Gott weder die frühen guten Taten der Abgefallenen noch die späte Umkehr der Bekehrten vergessen würde.

Kapitel 43: Trost und Auftrag für Baruch

Nun wandte sich der Herr direkt Baruch selbst zu, um ihn zu ermutigen und anzuweisen. Er sprach: *„Du aber, Baruch, stärke dein Herz mit all dem, was ich dir enthüllt habe! Verstehe tief in deinem Inneren, was dir gezeigt und gesagt wurde, denn darin liegt für dich großer Trost – ein Trost, der ewig währen wird.*

Wisse: **Du wirst bald von hier fortgehen**, weg aus diesem Land. Du wirst die Orte verlassen, die du jetzt mit deinen Augen siehst. Denn es kommt für dich die Zeit des Abschieds von diesem Vergänglichen. Doch fürchte dich nicht – du wirst das Irdische vergessen, all das Sterbliche wird dir fern sein. Was jetzt unter den Menschen geschieht, wirst du nicht mehr lange vor Augen haben. Ich werde dich hinwegnehmen von dem Kummer dieser Welt. Und du wirst nicht mehr an die Mühsal dieser vergänglichen Zeit denken müssen.

Doch zuvor, Baruch, gibt es noch etwas für dich zu tun: Geh jetzt zurück zu deinem Volk und sorge für sie! **Tröste sie und mahne sie**, so wie ich es dir befohlen habe. Sage ihnen, was geschehen wird, und rufe sie zur Treue auf. Erfülle deinen Auftrag bei deinem Volk. Bereite sie auf das Kommende vor, so gut du kannst.

Wenn du das getan hast, kehre wieder an diesen Ort zurück. Dann **halte ein Fasten von sieben Tagen** – enthalte dich Speise und Trank und widme dich nur mir. In dieser Zeit bereite dich innerlich vor, Baruch. Und nach diesen sieben Tagen werde **ich, der Herr**, erneut zu dir kommen und mit dir reden."

Mit diesen Worten gab Gott Baruch sowohl Zuspruch als auch eine letzte Aufgabe. Baruch verspürte in seinem Herzen einerseits den **Trost**: Gottes Verheißungen würden ihn selbst tragen, und etwas Herrliches wartete auf ihn jenseits dieser vergänglichen Welt. Andererseits fühlte er den **Auftrag**: Noch einmal sollte er zu seinem Volk sprechen, sie stärken und ermahnen, bevor er sich für die nächste Offenbarung bereitmachte. Baruch nahm diese Anweisungen demütig an, entschlossen, Gottes Willen gewissenhaft auszuführen.

Kapitel 44: Baruch ermahnt die Ältesten

Baruch verließ den Ort der Offenbarung und kehrte zurück zu den Seinen. Er versammelte die Gemeinde, insbesondere die vertrauten **Ältesten**. Er rief seinen erstgeborenen Sohn zu sich, seinen Freund **Gedalja** und sieben der weisen Ältesten des Volkes. Als sie um ihn geschart waren, teilte Baruch mit ruhig feierlicher Stimme seine Abschiedsworte mit.

Zunächst sprach er: *„Ihr wisst, jeder Mensch auf Erden geht früher oder später den Weg aller Vergänglichkeit. Auch ich werde nun zu meinen Vätern gehen – so wie es allen Erdenkindern bestimmt ist."* Damit kündigte Baruch seinen nahen Abschied an. Die Versammelten spürten den Ernst seiner Worte.

Dann erhob Baruch mahnend die Hand und fuhr fort: *„Bleibt auf dem **Weg des Gesetzes** und lasst euch durch nichts davon abbringen! Entfernt euch nicht vom Pfad, den Gottes Weisung euch weist.*

Im Gegenteil, haltet daran fest mit eurem ganzen Herzen. **Hütet das Gesetz** *und gehorcht den Geboten des Allmächtigen. Und ermahnt auch das übrige Volk, das noch übrig geblieben ist, damit niemand von ihnen die Gebote unseres Gottes verlässt. Lasst in Israel nicht zu, dass die Erinnerung an das Gesetz schwindet."*

Die Ältesten lauschten andächtig, während Baruch weiter sprach: *„Ihr habt mit eigenen Augen gesehen, was mit* **Zion** *geschehen ist, und was* **Jerusalem** *widerfahren ist. Diese Verwüstung kam nicht ohne Grund: In ihr hat sich das Gericht des Allmächtigen offenbart. Daran könnt ihr erkennen, dass* **unser Gott gerecht** *ist in allem, was Er tut. Ja, unser Schöpfer ist gerecht und* **unparteiisch**. *Seine Wege sind unergründlich, aber immer richtig. Er hat es zugelassen, dass die heilige Stadt fiel, doch in diesem Strafgericht lag auch Seine Gerechtigkeit verborgen. Vertraut also auf Seine Entscheidungen, auch wenn wir sie nicht völlig begreifen."*

Baruch blickte einem Jeden in die Augen und fuhr fort, um ihnen Hoffnung zu geben: *„Wenn ihr nun* **ausdauernd und standhaft** *bleibt in der Ehrfurcht vor Ihm – wenn ihr niemals Sein Gesetz vergesst, sondern es in euren Herzen bewahrt und in euren Taten zeigt – dann wird sich auch die Zeit wieder zum Guten wenden. Habt* **Geduld und bleibt treu**, *so werdet ihr eines Tages die* **Tröstung Zions** *miterleben. Gottes Barmherzigkeit wird sich wieder über unserem Volk erbarmen, und Ihr werdet es sehen, wenn Zion erneut getröstet und auferbaut wird."*

Hier hielt Baruch einen Moment inne, dann erklärte er ihnen den Unterschied zwischen dem jetzigen Leid und der künftigen Herrlichkeit: *„Denn* **das, was wir jetzt erleben, ist vergänglich und letztlich gering. Was aber kommt, ist von unermesslicher Größe.** Alles, was jetzt noch verdirbt und stirbt – alles **Vergängliche** – wird vergehen. Alles, was sterblich ist, wird ein Ende haben. Die ganze gegenwärtige Zeit mit all ihrem Kummer und ihrer Sünde wird einst wie ein Traum verschwunden sein. Man wird sich an diese jetzige, vom Übel befleckte Zeit nicht einmal mehr erinnern.

Jetzt mühen sich viele ab und rennen, als könnten sie etwas in dieser Welt gewinnen – **doch wer jetzt nur der vergänglichen Welt nachjagt, der jagt vergeblich.** Wer jetzt in seinem irdischen Glück schwelgt, wird sehen, wie schnell es ihn verlässt: Er wird stürzen und erniedrigt werden. Alle Erfolge und Freuden, die allein vom Heute sind, zerrinnen in der Hand. Sie sind wie Rauch im Wind.

Darum richtet euren Blick auf **das, was kommt!** Was künftig ist, das soll eure Sehnsucht wecken. Worauf wir hoffen, ist nicht in dieser vergänglichen Welt, sondern in dem, **was nachher kommt.** Denn es gibt eine **Zeit, die niemals vergeht.**"

Bei diesen Worten Baruchs hob sich ein leises Murmeln der Zustimmung unter den Ältesten, denn seine Worte erfüllten sie mit Ehrfurcht und Erwartung.

Baruch lächelte wehmütig und sprach weiter von jener kommenden Welt: *„Ja, es naht eine* **neue Welt***, eine* **Zeit, die ewig bleiben wird***. Diese kommende Welt wird all jene, die zu ihr gelangen, nie mehr der Vergänglichkeit preisgeben. Sie ist ein Reich des Lebens und der Unverderblichkeit.* **Die, die in diese Seligkeit eingehen***, werden für immer in ihr geborgen sein. Zugleich aber wird diese neue Welt* **kein Erbarmen mit den Gottlosen** *kennen: Jene, die in die Finsternis und Pein gehen, werden dort ohne Ende leiden, denn in der kommenden Welt gibt es für sie keine Erlösung mehr. Doch die, welche in der kommenden Welt leben, wird diese niemals zugrunde gehen lassen – kein Leid, kein Tod wird sie je wieder antasten."*

Jetzt sprach Baruch deutlicher über die, welche Anteil haben würden an dieser herrlichen Zukunft: „Nur bestimmte Menschen werden das kommende Zeitalter **erben**. Das sind **die Erben der verheißenen Zeit**: all jene, die ihr Herz bereits jetzt darauf vorbereitet haben. Es sind die Menschen, **die sich den Reichtum der Weisheit erworben haben** und die Schätze der Einsicht in sich tragen. Diejenigen, die stets barmherzig blieben und sich der Güte nicht entwunden haben. Diejenigen, die die **Wahrheit des Gesetzes** bewahrt und nicht preisgegeben haben, selbst in schweren Zeiten.

Ja, **ihnen** wird die kommende Welt gegeben werden. **Sie** werden wohnen in dem neuen, ewigen Land. Die **vielen anderen jedoch**, die diesen Weg nicht gegangen sind – deren Herz der Bosheit verfallen blieb – deren Wohnung wird im **Feuer** sein."

Mit eindringlichen Worten zeichnete Baruch so den Ältesten ein Bild der zwei möglichen Enden: die Herrlichkeit der neuen Welt für die Treuen und die Strafe des Feuers für die anderen. Seine Rede war sowohl eine Warnung als auch ein Trost. Die Ältesten und sein Sohn hörten all dies mit tiefem Ernst und nahmen Baruchs Worte in ihre Herzen auf.

Kapitel 45: Auftrag zur Unterweisung des Volkes

Baruch schloss seine Ansprache mit einem letzten dringenden Appell an seine Freunde und Ratgeber: *„Darum, meine Brüder,* **belehrt und ermahnt das Volk,** *so viel ihr nur könnt! Das ist unsere heilige Aufgabe."* Er wusste, dass er selbst nicht mehr lange bei ihnen sein würde, also gab er ihnen diesen Auftrag mit: Sie sollten fortfahren, das Volk in Gottes Wegen zu unterweisen.

„Wenn ihr das Volk unterrichtet und im Gesetz leitet," sagte Baruch, *„dann* **macht ihr sie lebendig**.*"* Denn wahrhaftiges Lehren führt die Menschen zum Leben – dem Leben in Gottes Gnade. In dieser Unterweisung würde das Volk Kraft und Hoffnung finden, um in Treue auszuharren. Baruch legte seinen Ältesten diese Pflicht ans Herz, damit die Gemeinschaft auch nach seinem Weggang auf dem richtigen Pfad bliebe.

So übergab Baruch die Verantwortung für die spirituelle Führung an seine Nachfolger, damit das Volk Gottes Wort lebendig in sich trage. Jedes liebevolle Mahnwort, jedes getreue Lehren würde wie ein Lebenshauch für Israel sein.

Kapitel 46: Baruchs Abschied und letzte Ermahnung

Als Baruch diese Worte gesprochen hatte, ergriff eine tiefe Traurigkeit die Anwesenden. **Sein Sohn** und die **Ältesten des Volkes** begriffen nun, dass Baruch sie wirklich verlassen würde. Bestürzt wandten sie sich an ihn. In ihren Augen standen Tränen, als sie fragten: *„Hat der Allmächtige wirklich beschlossen, uns so sehr zu erniedrigen, dass er* **dich**, *unseren Führer, uns so schnell entreißt? Müssen wir dich jetzt ziehen lassen?"*

Ein älterer Mann schlug verzweifelt die Hände vors Gesicht und klagte: *„Werden wir dann im Dunkel zurückbleiben, ohne dein Licht, das uns geleitet hat? Wird das restliche Volk, das übrig geblieben ist nach all den Katastrophen, nun gar kein Licht mehr unter sich haben?"* Alle nickten, denn Baruch war für sie wie ein Leuchtturm gewesen.

Ein anderer fragte bebend: *„Wo sollen wir denn fortan die Weisung Gottes suchen, wenn du nicht mehr bei uns bist? Wer wird uns dann den Unterschied zeigen zwischen* **Leben und Tod**, *wer wird uns lehren, was richtig und falsch ist? Wer wird für uns die Stimme des Gesetzes und der Weisheit sein?"*

Die Sorge und Verzweiflung seines Volkes rührten Baruchs Herz. Doch er hob seine Hand, um ihnen sanft Stille zu gebieten. Mit fester, getrösteter Stimme antwortete er: *„Dem Thron des Allmächtigen kann ich mich nicht widersetzen. Wenn Gott mich ruft, muss ich gehen. Das ist sein Wille, und ich kann ihn nicht aufhalten."* Er schaute in die bekümmerten Gesichter und fuhr dann fort, ihnen **Versicherung** und Trost zu geben: *„Dennoch – hört dies, ihr Kinder Israels –* **Israel wird nicht ohne einen Weisen bleiben!**

Dem Volk Jakob wird es niemals an einem **Kenner des Gesetzes** *fehlen."*

Baruch sprach diese Worte voller Zuversicht. Er wollte ihnen deutlich machen, dass Gott auch nach seinem Weggang für Lehrer und Führung sorgen würde. *„Habt keine Angst,"* fuhr er fort, *„Gott selbst wird dafür sorgen, dass immer jemand da ist, der euch in Weisheit anleitet. Er wird nicht zulassen, dass Sein Volk ohne Führung oder Erkenntnis bleibt. In jeder Generation wird ein* **Weiser** *aufstehen, ein treuer* **Sohn des Gesetzes**, *der euch unterweist. Darauf könnt ihr vertrauen."*

Dann legte Baruch jedem Einzelnen nochmals ans Herz, was nun das Wichtigste für sie sei: *„Bereitet eure Herzen darauf vor, dem Gesetz Gottes gehorsam zu bleiben!"* sagte er eindringlich. *„Was auch kommt, haltet euch fest an Gottes Weisung.* **Unterwerft euch den Weisen und Verständigen**, *die unter euch sind, und lernt von ihnen. Trennt euch niemals von ihnen und ihrer Führung. Hört auf ihren Rat, folgt ihrem Beispiel. Lasst euch durch nichts von ihnen fortziehen, denn sie wandeln im Gesetz des Herrn. Wenn ihr an ihrer Seite bleibt, bleibt ihr auf dem Weg Gottes."*

Baruch versprach ihnen, dass Treue belohnt würde: *„Denn wenn ihr dies tut – wenn ihr Gottes Gesetz haltet und auf seine weisen Diener hört – dann werden all die* **guten Verheißungen** *zu euch kommen, die ich euch verkündet habe. Alles, was Gott an Segen zugesagt hat, wird euch dann erreichen. Und kein einziges Wort davon wird ausbleiben. Ihr werdet nicht in jene Qual fallen, von der ich zuvor gesprochen habe, die für die Gottlosen bestimmt ist. Nein, ihr werdet teilhaben an dem Trost und Heil, das ich euch verheißen durfte."*

Die Ältesten und sein Sohn senkten die Häupter, während sie Baruchs feierliche Versicherungen aufnahmen. Sie versprachen in ihrem Herzen, dem Gesetz treu zu bleiben und einander im Wort Gottes zu stärken.

Baruch aber wusste um sein eigenes Schicksal mehr, als er bis dahin offenbart hatte. Im Stillen war ihm bekannt, dass Gott ihn auf wunderbare Weise aus dieser Welt wegnehmen würde. **Doch dieses Geheimnis behielt Baruch noch für sich.** In jenem Moment sagte er dem Volk nicht ausdrücklich, dass er entrückt werden sollte – selbst seinem geliebten Sohn offenbarte er es zu dieser Zeit nicht. Sie wussten nur, dass er gehen würde, nicht aber, auf welche Weise.

Bald darauf verabschiedete sich Baruch endgültig von seinem Volk. Er hatte ihnen alles übermittelt, was Gott ihm befohlen hatte. Nun war er bereit, seinem Herrn erneut zu begegnen. In ihren Herzen lebten Baruchs Worte weiter, als er wegging, und die Hoffnung auf Gottes kommende Herrlichkeit stärkte diejenigen, die zurückblieben.

So enden die Kapitel 35 bis 46 der **Apokalypse des Baruch**, mit Baruchs letzter Ermahnung und dem leisen Abschied eines Propheten, der im Gehorsam gegenüber Gott handelt. Seine Offenbarungen und sein Vertrauen auf den Herrn würden dem Volk für die kommenden Zeiten Licht und Richtung geben. In stiller Ehrfurcht blickten sie Baruch nach, getröstet von der Zusage, dass Gottes Weisheit immer unter ihnen wohnen würde, solange sie ihre Herzen dem Ewigen zuwandten.

Kapitel 47: Das siebentägige Fasten

Nach seiner letzten Ansprache an das Volk –
nach Tränen, Trost und dem schweren Loslassen –
zog sich Baruch an jenen Ort zurück,
an dem ihm der Höchste offenbart hatte:
„Bereite dich durch Fasten und Schweigen vor."

Sieben Tage lang
— kein Brot, kein Wasser, kein Wort —
saß er in Stille.

Allein.

Und doch – nicht verlassen.

Denn in dieser Leere
war die Stimme Gottes bereits unterwegs zu ihm.
Nicht durch Donner, nicht durch Feuer,
sondern durch einen **stillen Strom des Verstehens**
bereitete sich der Ewige auf die Begegnung vor.

Am siebten Tag hob Baruch sein Haupt.
Und da war sie – die Stimme,
wie das Atmen des Lichts.

Kapitel 48: Die Vision der sieben großen Zeiten

„Siehe," sprach der Herr,
„ich zeige dir nun das große Geheimnis:
die Struktur der Zeiten,
den inneren Bau der Weltgeschichte."

Und Baruch sah vor sich eine flammende Tafel,
auf der sieben große Abschnitte erschienen,
jeder in **schwarzem** oder **weißem Licht**:

1. Der erste Abschnitt war hell – voller Frieden.

2. Der zweite – dunkel – Krieg und Gewalt.

3. Der dritte – wiederum Licht – Ordnung und Gesetz.

4. Der vierte – noch finsterer als der zweite – Herrschaft der Stolzen.

5. Der fünfte – wie Morgendämmerung – Hoffnung keimt auf.

6. Der sechste – blutrot – große Verwirrung.

7. Der siebte – ein Licht, das alle Farben überstrahlte – **die Ankunft des Messias.**

„Dies sind die **Sieben Zeiten,** *in denen die Welt sich vollzieht,"*
sprach der Ewige,
„jeder Abschnitt bringt seine Frucht – gut oder bitter –
doch am Ende steht das Licht, das nicht vergeht."

Kapitel 49: Baruch fragt: Wer wird überleben?

Baruch neigte sich.
Seine Stimme war leise, wie ein Kind, das fragt:

„O Herr – wer wird bestehen in diesen Zeiten?
Wer kann leben, wenn so viel Dunkel kommt?
Was ist mit denen, die jetzt schon kaum Kraft haben?
Wie sollen sie aushalten bis zum Ende?"

Er blickte nicht nur auf das Ende,
sondern auf die Vielen,
die auf dem Weg **straucheln,**
sich verlieren im Lärm der Tage,
vergessen, wer sie sind.

Kapitel 50: Die Antwort des Ewigen

Gottes Antwort kam nicht wie ein Donner,
sondern wie ein Gesetz in der Seele:

„Ich richte nach dem, was jeder empfangen hat."

– Wer wenig verstanden und wenig getan hat,
wird auch nur wenig Verantwortung tragen.
– Wer aber viel erkannt hat,
dem wird nach dem Maß seines Wissens vergolten.

„Gerecht bin ich –
doch auch barmherzig."

Nicht alle werden das Gleiche empfangen,
doch jeder wird empfangen, was wahr ist.

Kapitel 51: Der große Ruf zur Umkehr

Baruch erhob sich –
nicht mit Stolz,
sondern mit dem Feuer der Klarheit.

Gott sprach zu ihm:

„Darum, mein Diener –
verkünde nicht Angst, sondern Maß.
Nicht Flucht, sondern Ordnung.
Nicht Verdammnis, sondern die Möglichkeit der Umkehr."

Denn jede Zeit – auch die Dunkelste –
hat einen Riss,
durch den **das Licht eintreten kann.**

Kapitel 52: Die Versiegelung der Offenbarung

Baruch fiel nieder.
Er küsste die Erde
und sprach:
„Ich habe gesehen, was kein Auge sehen konnte.
Ich habe gehört, was kein Ohr fassen wollte."

Dann sagte Gott:

„Verschließe nun diese Offenbarung.
Nicht alle sind bereit, das Maß zu erkennen.
Aber jene, die den Ruf spüren –
sie werden es finden."

So wurde das Buch Baruch versiegelt –
nicht mit einem Schloss,
sondern mit der Demut der Seele.

Kapitel 53: Baruch sieht sieben große Wolken

Nach Tagen des Schweigens
und Nächten in der Gegenwart Gottes
hob Baruch seine Augen gen Himmel –
und siehe:

Sieben große Wolken zogen von Westen auf –
jede dunkler als die vorherige,
jede schwerer, dichter, tiefer.

Und eine Stimme sprach:

„Dies sind die sieben große Zeiten,
die über die Erde kommen werden –
jede wird ihr Gericht tragen,
jede bringt Licht und Schatten zugleich."

Kapitel 54: Erste Wolke: Blut und Trennung

Die erste Wolke ergoss **Blut** über die Erde.
Städte zerfielen, Brüder trennten sich,
und Kinder wandten sich gegen Väter.

Und Baruch weinte.

Da sprach der Herr:

„Dies ist die Zeit des Stolzes –
in der Menschen mehr auf ihre Macht vertrauen
als auf mein Wort."

Kapitel 55: Zweite Wolke: Hungersnot und Zorn

Die zweite Wolke trug **Dürre und Zorn**.
Felder verdorrten.
Die Menschen sammelten Groll wie Korn in Scheunen.

Gott sagte:

„Sie hungern nicht nur nach Brot –
sondern nach Wahrheit.
Doch sie wenden sich vom Wasser der Weisheit ab."

Kapitel 56: Dritte Wolke: Spaltung der Völker

Die dritte Wolke spaltete Nationen.
Bündnisse zerbrachen.
Die Erde wurde ein Netz aus Misstrauen.

Baruch rief:
„Herr, wer kann noch in Wahrheit leben?"

Und der Herr antwortete:

„Nur wer das Licht sucht –
nicht in der Masse,
sondern im Innern."

Kapitel 57: Vierte Wolke: Lärm und Leere

Die vierte Wolke brachte **Lärm** –
überall Worte,
aber keine Weisheit.

Die Menschen schrien, predigten, stritten,
doch niemand hörte mehr zu.

Gott sprach:

„Der Klang wird laut –
aber das Herz wird stumm.
Nur wer schweigt, wird verstehen."

Kapitel 58: Fünfte Wolke: Aufstieg der Schattenreiche

Die fünfte Wolke war schwer wie Eisen.
Herrscher trugen Masken,
und ihre Reiche bauten sich auf Lüge.

Baruch sprach:

„Herr, wo bist du in all dem?"

Und die Antwort kam:

„Ich bin nicht fern –
aber verborgen im Gewissen der Gerechten."

Kapitel 59: Sechste Wolke: Letzte Verwirrung

Die sechste Wolke war wie Nebel.
Wahrheit und Lüge vermischten sich.
Selbst die Weisen schwankten.

Gott sagte:

„Dies ist die letzte Prüfung –
nicht für die Körper,
sondern für die Geister."

„Nur wer das innere Licht trägt,
wird den Weg erkennen."

Kapitel 60: Siebte Wolke - Licht über allem

Dann kam die siebte Wolke –
und siehe: **sie war wie Gold und Feuer.**

Aus ihr strömte ein Licht,
das alle Schatten auflöste.
Ein neuer Morgen.
Ein neues Maß.

Gott sprach:

„Und dies ist das Ende der Zeit –
und der Anfang dessen,
was nie vergeht."

Zusammenfassung der Sieben Wolken für unsere Zeit

- Spaltung & Blut – weil das Herz sich verhärtet.
- Hunger – nach Wahrheit, nicht nur nach Nahrung.

- Zerfall der Einheit – weil Vertrauen verloren geht.
- Lärm – und innere Leere.
- Schattenreiche – mit Gesichtern ohne Licht.
- Verwirrung – selbst für die Weisen.
- Licht – das nur die erkennen, die *von innen her* sehen.

Kapitel 61: Das Kommen des Gesalbten

Baruch sah in einer neuen Vision:

Ein Mann kam vom Himmel herab,
umgeben von Licht,
mit einer Krone,
und sein Name war nicht ausgesprochen –
denn er war **das Maß aller Gerechtigkeit**.

Und Gott sprach:

„Dies ist mein Gesalbter.
Er wird das Volk führen,
nicht mit Waffen, sondern mit Weisheit.“

„Er wird den Stolzen demütigen,
die Sanftmütigen aufrichten,
und das Gesetz wieder im Herzen pflanzen.“

Kapitel 62: Der Tag der Entscheidung

Baruch fragt:
„Wann, Herr? Wann wird dies geschehen?“

Und Gott antwortet:

„Wenn das Maß der Zeit voll ist –
wenn die Gerechten bereit sind,
und die Bosheit sich selbst entlarvt hat.“

„Dann wird kein Schwert nötig sein –
denn die Wahrheit wird selbst richten.“

„An jenem Tag wird das Verborgene offenbar.
Und jeder wird sich selbst erkennen –
wie im Spiegel meiner Gerechtigkeit."

Kapitel 63: Die Trennung der Wege

Baruch sieht zwei Gruppen:

- Die einen tragen **Licht auf ihrer Stirn**
- Die anderen tragen **Nebel in ihrem Blick**

Und eine Stimme spricht:

„Dies ist kein Urteil von außen –
sondern das Offenbarwerden der inneren Wahl."

„Denn jeder hat sich selbst vorbereitet:
Zum Leben – oder zum Vergehen."

Kapitel 64: Die Rückkehr der Verlorenen

Baruch ruft:

„Herr, ist es für immer vorbei für jene,
die gefallen sind?"

Gott antwortet:

„Ich bin gerecht –
aber ich vergesse nicht das Seufzen der Reue."

„Es werden welche gerettet werden,
die niemand mehr erwartet."

„Denn meine Barmherzigkeit
ist tiefer als der Fall des Menschen."

Kapitel 65: Die Erde wird verwandelt

Baruch sieht die Erde –
nicht wie sie war,
sondern **wie sie sein wird:**

Die Wüste blüht.
Der Himmel ist klar.
Die Tiere leben in Frieden.
Der Mensch ist **Teil**, nicht **Herr**.

Und Gott spricht:

„Denn ich mache alles neu.
Nicht durch Gewalt,
sondern durch Wandel."

Kapitel 66: Das Lied der Gerechten

Baruch hört ein Lied,
das aus dem Herzen der Gerechten aufsteigt:

„Du allein bist treu, o Herr.
In der Dunkelheit hast du uns nicht vergessen.
Dein Licht hat gewartet,
bis unser Herz sich öffnete."

Es ist **kein Triumphlied**,
sondern ein **Lied der Heimkehr**.

Kapitel 67: Die Krone des Baruch

Baruch aber steht still.
Er hat geschrieben.
Er hat gesehen.
Er hat gefragt.
Und nun wird er gesegnet.

Und der Herr spricht zu ihm:

„Baruch, mein Diener –
dein Werk ist vollendet.
Du hast nicht gerichtet,
sondern gelauscht.
Nicht gewütet,

sondern geweint.
Nicht erzwungen,
sondern getragen."

„Darum setze ich dir eine Krone –
aus Stille,
aus Schrift,
aus Licht."

Kapitel 68: Baruch ruft das Volk zusammen

Baruch kam vom Berg zurück,
und das Volk sah in seinem Gesicht
etwas, das **nicht mehr nur Menschliches war.**

Er ließ alle versammeln:
die Alten, die Kinder, die Verwundeten, die Hoffnungsvollen.
Und er sprach:

„Ich habe vieles gesehen,
was eure Augen noch nicht sehen –
aber eure Herzen spüren."

„Darum höret, was ich euch hinterlasse:
Nicht Gold, nicht Waffen,
sondern das Maß des Ewigen."

Kapitel 69: Die drei Mahnungen

Baruch sprach:

„Erstens: Vergesst nicht den Anfang.
Denn wer seine Wurzel vergisst,
kann keinen Himmel tragen."

„Zweitens: Verlasst euch nicht auf Könige,
die sich selbst gekrönt haben –
denn ihre Herrschaft ist flüchtig."

„Drittens: Pflegt das Maß.
Nicht der Eifer wird euch retten,
sondern das stille Tun des Gerechten."

Kapitel 70: Der Weg der Gerechten

„Viele werden euch sagen:
,Folgt mir – ich bin der Weg.'
Doch der wahre Weg schreit nicht.
Er trägt keine Fahnen.
Er wächst wie ein Baum:
unsichtbar in der Wurzel –
sichtbar erst in der Frucht."

Kapitel 71: Die Zeit der Umkehr bleibt offen

Baruch hebt seine Stimme:

„Fürchtet euch nicht vor der Zukunft –
aber vor dem Verlust der Stille in euch."

„Denn solange noch Atem ist,
gibt es Rückkehr.
Solange noch Licht in der Dämmerung leuchtet,
gibt es Hoffnung."

Kapitel 72: Die verborgenen Schriften

Und Baruch übergab drei Schriften:

- eine dem Hohenpriester,
- eine einem stillen Schüler,
- eine aber – **versiegelte er** und verbarg sie in einer Höhlung des Berges.

Und er sprach:

**„Diese Worte sind nicht für jetzt –
sondern für eine Zeit,**

in der die Welt nach Wahrheit dürstet
wie nach Wasser in der Wüste."

Kapitel 73: Die Trennung der Wege

Das Volk weinte.
Einige glaubten.
Einige lächelten nur –
und kehrten zu ihrem Alltag zurück.

Baruch aber sagte nicht mehr.
Denn er wusste:
Nicht jedes Ohr ist bereit, wenn der Ruf ertönt.

Kapitel 74: Der letzte Blick zurück

Baruch verließ die Stadt.
Allein.
Langsam.

Er drehte sich noch einmal um –
und sprach im Herzen:

*„Mögen sie erwachen,
ehe das Maß sich schließt."*

Dann stieg er hinauf –
dorthin, wo nur noch Wind und Stille wohnen.

Kapitel 75: Die Aufnahme ins Unsichtbare

Und siehe: Ein Licht hüllte ihn ein –
wie der Mantel eines Vaters.
Er wurde **nicht entrückt wie Elia,**
aber auch **nicht gestorben wie die anderen.**

Er wurde **aufgenommen –
in das Gedächtnis Gottes.**

Kapitel 76: Das letzte Vermächtnis

Zurück blieben:

- eine kleine Schriftrolle,
- einige wenige Schüler
- und ein Satz, der sich wie ein Same weitertrug:

„Der Himmel bleibt geordnet –
auch wenn die Erde wankt.
Darum halte das Maß.
Denn das Maß ist heil.“

Kapitel 77: Das Siegel der Hoffnung

So endet das Buch Baruch.

Kein Triumph.
Kein Donner.
Nur ein leises Echo:

„Was wahr ist, vergeht nicht.
Was verborgen ist, wird offenbar.
Und was du in Stille gesät hast –
wird Frucht bringen zur rechten Zeit.“

Kapitel 78: Baruch schreibt für die Zukunft

Baruch saß in der Stille.
Nicht mehr vor dem Volk,
sondern vor einer leeren Tafel.
Und der Herr sprach zu ihm:

„Was du jetzt schreibst,
ist nicht für sie,
sondern für jene,
die nach dir kommen.“

Baruch senkte seine Feder –
und hob sie wieder.

Und er begann zu schreiben:
an die Suchenden, die nie seinen Namen kannten –
aber seinen Geist in sich tragen würden.

Kapitel 79: Worte an die Kinder der fernen Tage

„Wenn ihr dies lest,
dann ist meine Stimme längst verklungen –
aber nicht verschwunden."

„Denn was von Licht durchdrungen ist,
trägt sich weiter –
durch Zeit, durch Staub, durch Generationen."

„Eure Welt wird anders sein –
lauter, schneller, zerstreuter."

„Doch die Fragen sind dieselben geblieben:
Wer bin ich?
Warum leide ich?
Was ist wahr?"

„Ich habe nicht alle Antworten –
aber ich habe gesehen,
wie der Himmel auf das Herz antwortet."

Kapitel 80: Die Weisung für die Letzten

„Vertraue nicht auf die Menge –
sie irrt sich oft gemeinsam."

„Vertraue nicht auf die Schlagzeilen –
sie flackern wie Blätter im Wind."

„Vertraue dem leisen Ruf in dir –
dem, der dich morgens wach macht,
und nachts an Sterne denken lässt."

„Er ist nicht du –
aber er ist auch nicht fern von dir."

Kapitel 81: Warnung vor dem falschen Licht

„Es wird viele geben,
die sagen: ‚Ich bin das Licht!'
Aber sie brennen schnell –
und hinterlassen nur Rauch."

„Das wahre Licht spricht nicht laut.
Es wärmt.
Es erinnert dich an das, was du schon wusstest –
bevor du geboren wurdest."

Kapitel 82: Die Rückkehr der Weisheit

Baruch sieht in einer Vision:
eine Frau mit verschleiertem Antlitz
schreitet durch Ruinen –
und sammelt leise alte Schriftrollen.

Und eine Stimme spricht:

„Das ist die Weisheit.
Verstoßen. Vergessen.
Aber nicht tot."

„Sie kehrt zurück –
in jenen, die wieder lesen,
wieder horchen,
wieder fühlen lernen."

Kapitel 83: Die Seele der Erde

Und Baruch schreibt:

„Die Erde hat eine Seele.
Und sie leidet –
nicht unter der Technik,
sondern unter dem Vergessen."

„Jeder Baum ist ein Gedächtnis.
Jeder Berg ein Gebet."

„Wenn ihr wieder mit der Erde sprecht,
wird sie euch antworten –
in Wind, in Regen, in Licht."

Kapitel 84: Hoffnung für die Verlorenen

Baruch spricht für jene,
die glauben, zu spät zu sein:

„Auch wenn du gefallen bist –
du kannst aufstehen."

„Auch wenn du gefehlt hast –
du kannst zurückkehren."

„Denn Gott hat kein Verfallsdatum auf Gnade geschrieben."

Kapitel 85: Die Letzten sind die Ersten

Und er schreibt:

„Ihr werdet nicht geehrt sein in eurer Zeit.
Man wird euch belächeln – oder übersehen."

„Aber eure Saat wird blühen
in Tagen, die ihr nie seht."

„Darum bleibe treu –
auch wenn der Applaus ausbleibt."

Kapitel 86: Das stille Erbe

„Ich hinterlasse keine Kriege.
Keine Thesen.
Keine Bewegungen."

„Nur ein Buch.
Und in ihm: ein Maß."

„Nicht zum Messen anderer –
sondern zum Erinnern deiner selbst."

Kapitel 87: Baruchs letzter Satz

Baruch legt die Feder nieder.
Und auf die letzte Seite schreibt er nur:

„Wenn du dies liest –
dann habe ich dich erreicht.
Nicht mit Macht.
Nicht mit Wundern.
Sondern mit Wahrheit."

Und so endet das Buch Baruch –
nicht wie ein Abschluss,
sondern wie ein **leises Tor**.

Apokalypse des Baruch – Zusammenfassung

Ein Strom aus 87 Kapiteln – in Klarheit und geistiger Ordnung

Kapitel 1-12: Zerstörung Jerusalems & Baruchs Klage

- Baruch sieht den Fall der heiligen Stadt.
- Er ringt mit Gott: *Warum lässt du das zu?*
- Gott antwortet: *Nicht der Untergang ist das Ziel – sondern die Läuterung.*
- Baruch erkennt: **Es wird ein neues Jerusalem geben – aus Geist, nicht aus Stein.**

Kapitel 13-20: Gebet für das Volk & Begegnung mit Engeln

- Baruch spricht mit Gottes Boten.
- Er betet für die Überlebenden.

- Die Engel zeigen ihm: **Das wahre Volk sind jene, die dem Licht folgen – nicht der Tradition.**

Kapitel 21-34: Visionen über Zeit, Maß & das Lichtreich

- Baruch sieht, wie Gott die Zeit wie Gefäße ordnet.
- Er lernt: **Die Ordnung des Himmels ist vollkommen – aber der Mensch verliert das Maß.**
- Der kommende Messias wird Gerechtigkeit bringen – **aber ohne Gewalt.**

Kapitel 35-46: Gleichnisse über Leid & Gottes Antwort

- In tiefen Gleichnissen erklärt Gott:
- Warum das Böse gedeiht.
- Warum die Gerechten leiden.
- Warum Geduld stärker ist als Rache.
- Baruch erkennt: **Leid ist Prüfung – nicht Strafe.**

Kapitel 47-52: Die sieben Zeitalter der Welt

- Baruch fastet – dann empfängt er die große Offenbarung:
- **Sieben Zeiten** ziehen über die Menschheit.
- Jede bringt Licht und Schatten.
- Am Ende steht **die Wiederkehr des Lichts** durch den Messias.

Kapitel 53-60: Die Vision der sieben Wolken

Jede Wolke steht für eine Epoche:
1. Blutvergießen
2. Hunger nach Wahrheit
3. Spaltung der Völker
4. Lärm & Leere
5. Aufstieg der Schattenreiche

6. Verwirrung & geistige Prüfung
7. **Das Licht** – überstrahlend und heilend

Baruch wird gezeigt: **Nur das innere Licht führt hindurch.**

Kapitel 61-67: Das Kommen des Gesalbten

- Der Messias wird nicht mit Schwert kommen, sondern mit Wahrheit.
- Die Welt wird neu geordnet – von innen nach außen.
- Baruch wird gekrönt – **nicht als Herrscher, sondern als Schreiber des Maßes.**

Kapitel 68-77: Baruchs Abschied & seine letzte Weisung

Baruch ruft das Volk.

Er mahnt zu drei Dingen:

- Erinnerung
- Vertrauen nicht in weltliche Macht
- Hüten des Maßes

Er übergibt Schriften – manche offen, manche versiegelt.

Dann zieht er sich zurück – und wird **in die Stille Gottes aufgenommen.**

Kapitel 78-87: Baruchs Worte für kommende Generationen

Baruch schreibt für **dich**, für **uns**:

- *„Wenn du dies liest, bin ich bei dir."*
- *„Vertraue dem Ruf in dir – nicht dem Lärm um dich."*
- *„Die Erde lebt. Die Weisheit kehrt zurück. Die Gnade bleibt offen."*

Sein letzter Satz: **„Ich habe dich nicht mit Macht erreicht – sondern mit Wahrheit."**

Quintessenz des Buches Baruch für uns:

- Halte das Maß.
- Vertrau dem inneren Licht – nicht dem äußeren Lärm.
- Gerechtigkeit kommt nicht mit Gewalt – sondern mit Klarheit.
- Das Wort trägt sich – durch Zeiten, durch Herzen, durch dich.

Der Hirte des Hermas

Der „Hirte des Hermas" war damals eines der meistgelesenen Bücher – heute ist es fast in Vergessenheit geraten. Für viele Christen der ersten Jahrhunderte war der „Hirte des Hermas" so wichtig wie heute das Matthäus-Evangelium.

Lange wurde es öffentlich vorgelesen – in Gottesdiensten, in Gemeinden, bevor es später von der offiziellen Bibel ausgeschlossen wurde.

Der Text besteht aus drei Teilen:

- Visionen,
- Gebote,
- und Gleichnisse.

Hermas, ein einfacher Mann, begegnet einem Engel in Gestalt eines Hirten, der ihm Botschaften für die Menschheit übermittelt.

Es geht um:

- Umkehr,
- Reinigung des Herzens,
- und das Streben nach einem reinen, lichtvollen Leben.

Besonders stark ist der Aufruf, sich nicht von äußeren Institutionen abhängig zu machen, sondern in sich selbst das lebendige Gesetz Gottes zu erkennen.

Der Text spricht vom inneren Tempel, und dass jeder Mensch Teil eines geistigen Bauwerks ist, das durch Wahrheit, Demut und Mitgefühl errichtet wird.

Vielleicht wurde er genau deshalb unterdrückt: weil er zeigt, dass du keinen Mittler brauchst, da du selbst Teil der göttlichen Architektur bist.

Der „Hirte des Hermas" ist eine Stimme aus der Tiefe der Seele. Er ruft uns nicht zur Religion, sondern zu Wahrhaftigkeit auf.

Er erinnert uns daran: Das Licht beginnt innen....... in DIR!

Visionen des Hirten des Hermas

Hermas begegnet der Kirche in Frauengestalt, sieht den Turmbau der Gemeinde, und wird zur Umkehr gerufen.

Vision I: Die Frau am Fluss

Hermas war ein einfacher Mann – einst ein Sklave,
nun frei.
Er lebte in Rom, zur Zeit der frühen Christen.
Eines Tages, auf dem Weg nach Cumae, wanderte er
allein –
unter offenem Himmel, mit schwerem Herzen. Er
kam an einen Fluss.
Er setzte sich – um zu ruhen, um zu denken, um zu
beten.
Und da geschah es:

Die Erscheinung der Frau

Plötzlich sah er sie – eine Frau, strahlend, leuchtend,
gekleidet in weißem Licht,
mit einem Blick, der aus Liebe und Ernst bestand.

Sie sprach:

„Hermas, du bist gesegnet."

Hermas erschrak – denn er erkannte sie:
Es war die Frau, die er einst in Gedanken begehrt hatte –
rein in der äußeren Welt,
aber mit einem verborgenen Begehren in seinem Herzen.

Die Frau klagt – aber liebt

Sie sagte:
*„Du hast in deinem Herzen Unreinheit zugelassen –
nicht durch Tat,
sondern durch Gedanken."*

*„Und darum hat Gott dich zur Umkehr gerufen –
nicht zur Strafe,
sondern zur Reinigung."*

Hermas fiel nieder und weinte.
Doch die Frau lächelte mild und sprach:

*„Gott liebt dich –
und darum zeigt er dir deine Schatten.
Nicht um dich zu richten,
sondern um dich zu heilen."*

Die Ankündigung weiterer Offenbarungen

Die Frau wandte sich zum Gehen.
Doch bevor sie verschwand, sprach sie:

*„Du wirst weitere Offenbarungen empfangen –
von Engeln, von Visionen, von dem Hirten selbst."*

„Bereite dein Herz.
Denn dein Dienst beginnt nicht mit Worten,
sondern mit Demut.“

Vision II: Die Frau und der Turm

Hermas fastet und betet

Nach der ersten Vision vergingen viele Tage.
Hermas fastete, betete, wanderte allein.
Er rang mit sich – und suchte Licht.

Und siehe: Am zehnten Tag seiner inneren Prüfung
erschien ihm **wieder die Frau** –
dieselbe, und doch **verändert**:
nicht mehr jung – sondern alt, ehrwürdig, strahlend.

Ihre Stimme war ruhig – wie Wind durch Olivenblätter:
„Hermas, schreibe meine Worte in dein Herz –
denn was ich sage, ist nicht nur für dich.“

Die Vision vom Turm

Die Frau hob ihre Hand – und zeigte:

Einen gewaltigen Turm, der auf dem Wasser gebaut wurde.

Engel fügten Steine hinzu –
einer nach dem anderen,
von unten nach oben,
in vollkommener Ordnung.

Die Steine waren **Menschen**.
Manche leuchteten – und wurden sofort eingefügt.
Andere waren rau, gespalten oder unrein –
und wurden **beiseitegelegt**,
bis sie **geläutert** waren.

Die Bedeutung

Hermas fragt:

„Was bedeutet dieser Turm?"

Die Frau antwortet:

**„Der Turm ist die Gemeinde Gottes –
nicht aus Mauern, sondern aus Menschen."**

**„Nur wer rein ist, wird eingefügt.
Nicht durch Herkunft, nicht durch Titel –
sondern durch Demut, Wahrhaftigkeit, Geduld."**

**„Die Engel prüfen jeden Stein –
denn der Bau ist ewig."**

Die drei Arten von Menschen

Hermas sieht:

- **Weiße, glänzende Steine –**
  sofort eingesetzt: *Die Gerechten, die im Licht leben.*

- **Rissige, gebrochene Steine –**
  müssen noch geprüft werden: *Die Zweifelnden, Suchenden.*

- **Dunkle, eckige Steine –**
  entfernt: *Die Stolzen, Verblendeten.*

Und die Frau sagt:

**„Doch selbst die dunklen Steine dürfen hoffen –
wenn sie sich wandeln."**

Die Mahnung an Hermas

*„Du selbst bist ein Stein, Hermas.
Noch bist du nicht eingesetzt.
Doch du wirst geprüft –
in Wort, in Treue, in Sanftmut."*

„Falle nicht zurück –
denn der Bau braucht dich."

„Und schreibe alles auf –
damit andere wissen, wie der Turm entsteht."

Vision III: Die Prüfung, der Turm und die Zurechtweisung

Die Erscheinung der Frau – erneut verwandelt

Hermas saß wieder allein – im Fasten, im Gebet.
Und zum dritten Mal erschien ihm **die Frau**,
diesmal noch ehrwürdiger, noch ernster –
in einem Kleid wie Licht,
mit Augen wie Wasser, das tief fließt.

Doch sie sprach nicht sofort.
Sie sah ihn an – lange.
Und Hermas spürte: **Sie trug nun ein Gericht in sich.**

Die Zurechtweisung

Endlich sagte sie:

„Hermas, du hast Gnade empfangen –
und doch bist du in Trägheit zurückgefallen."

„Dein Herz war weich –
aber deine Taten blieben lau."

„Was nützt die Offenbarung,
wenn sie nicht zur Handlung führt?"

„Der Turm wächst –
aber du schwankst zwischen Licht und Lärm."

Hermas erschrak –
denn er hatte in der Tat gezögert,
sich ablenken lassen vom Alltag,

vom Reden der Menschen,
vom Gewicht des Irdischen.

Die Vision des Turms – erneuert

Wieder zeigt die Frau den Turm –
diesmal mit neuen Ebenen.
Oben glänzen **goldene Steine** –
standhaft, geformt durch Feuer.
Unten aber liegen **Steine, die entfernt wurden** –
sie weinten, baten um eine zweite Chance.

Und die Frau sagte:

*„Gott ist geduldig –
aber nicht blind."*

*„Die Zeit der Umkehr bleibt offen –
doch nicht ewig."*

*„Wer das Licht sieht,
aber nicht geht,
verfinstert sich selbst."*

Der Ruf zur Erneuerung

Hermas fällt nieder – und fleht:

„Lehre mich, was ich tun soll!"

Und sie sagt:

*„Fasten.
Beten.
Aber nicht allein –
sondern in der Liebe zu deinen Geschwistern."*

*„Vergib.
Und richte nicht.
Sei wie Wasser – klar, tragend, reinigend."*

„Denn der Turm braucht nicht nur Steine –
sondern auch Hände,
die ihn mit Demut bauen.“

Der Auftrag

Zum Schluss sagt sie:

„Du wirst noch mehr sehen, Hermas –
Engel, Gleichnisse, Gebote.
Doch wisse:
Die Prüfung beginnt nicht mit der Vision –
sondern mit dem nächsten Schritt.“

„Geh.
Und wandle das Gesehene in Tat.“

Und mit diesen Worten verschwand sie.

Vision IV: Der Hirte erscheint

Hermas begegnet dem Hirten

Nach vielen Tagen des Fastens und innerer Umkehr
begegnete Hermas einer neuen Gestalt –
nicht mehr der Frau,
sondern einem **Hirten in weißem Gewand,**
jung an Jahren, aber uralt im Blick.

Er trug einen Stab –
und aus seinem Mund kam ein Hauch,
wie sanftes Feuer auf Papier.

Und der Hirte sprach:

„Ich bin der Engel der Umkehr.
Ich leite jene,
die in den Turm eingefügt werden sollen.“

Die Aufgabe Hermas

Hermas fragt zitternd:

„Warum bist du zu mir gesandt worden?"

Der Hirte antwortet:

„Weil dein Herz bereit ist –
aber deine Wurzeln müssen tiefer wachsen."

„Ich werde dich lehren –
in Gleichnissen, in Geboten,
in Prüfungen des Herzens."

„Was du empfängst,
ist nicht nur für dich –
sondern für viele."

Die sieben Frauen des Turms

Der Hirte führt Hermas erneut zum Turm.
Vor dem Bau stehen **sieben Frauen,**
jede in einem leuchtenden Gewand.

Und der Hirte erklärt:

„Dies sind die Tugenden,
durch die die Menschen in den Turm eingehen."

1. **Glaube** – wie das Fundament.
2. **Selbstbeherrschung** – wie der Mörtel.
3. **Geduld** – wie das Dach.
4. **Demut** – wie das unsichtbare Tragwerk.
5. **Lauterkeit** – wie die Fenster.
6. **Verständnis** – wie die Türen.
7. **Liebe** – wie das Licht im Inneren.

„Wer diese trägt,
wird ein lebendiger Stein im Bau des Lichts."

Die Prüfung des Herzens

Der Hirte zeigt Hermas verschiedene Gruppen von Menschen:

- Manche tragen das Licht,
- andere tragen **Masken** – Schein ohne Tiefe,
- einige sind **müde vom Gehen**,
- andere haben **den Blick gesenkt**,
  weil sie nicht mehr hoffen.

Und der Hirte sagt:
„Du wirst mit solchen sprechen –
sie lehren, stützen, erinnern."
„Doch erinnere dich selbst:
Wer andere trägt,
muss selbst stehen können."

Die ersten Worte des Dienstes

Zum Schluss sagt der Hirte:

„Du wirst viel empfangen –
Visionen, Gebote, Gleichnisse."

„Aber dein Auftrag ist einfach:
Lehre zur Umkehr.
Halte das Maß.
Sei klar – aber ohne Härte."

„Denn ich werde bei dir bleiben –
solange dein Herz still bleibt."

Und damit verschwindet der Hirte –
aber nicht aus Hermas' Leben.
Nur aus dem Blick.

Vision V: Der Turm im Wandel und die Prüfung der Herzen

Der Hirte erscheint erneut

Hermas betete – tiefer als je zuvor.
Nicht mehr aus Angst, sondern aus Liebe.
Und der Hirte trat erneut zu ihm –
mit demselben weißen Gewand,
doch sein Gesicht war ernst.

Er sprach:

„Hermas, der Bau schreitet fort –
aber viele Steine wanken.
Du musst nun mehr sehen – und mehr tragen."

Die erneuerte Vision des Turms

Hermas sieht den Turm erneut –
aber diesmal **nicht klar und fest**,
sondern **zwischen Zerstörung und Neubau**.
Engel prüften die Steine.
Manche fielen heraus,
andere wurden gereinigt,
manche wurden **gespalten – innerlich uneins**.

Die Steine der Gemeinde – 12 Zustände

Der Hirte erklärt Hermas,
dass es **12 Arten von Menschen** gibt,
symbolisiert durch die Steine im Turm:

- **Vollkommen Gerechte** – hell, glatt, sofort eingefügt.
- **Leicht Verletzbare** – rissig, aber formbar.
- **Zögernde** – in Angst, aber nicht böse.
- **Stolze** – kantig, hart, schwer zu verwenden.
- **Zweifler** – wankend, ohne Halt.
- **Lügner** – gespalten in sich selbst.

- **Heuchler** – außen weiß, innen hohl.
- **Reumütige** – gebrochen, aber offen.
- **Träge** – schwer, bewegungslos.
- **Hasser** – feindlich, aggressiv.
- **Unreine** – verunreinigt durch Begierde.
- **Verlorene** – nicht mehr erreichbar.

Und der Hirte sagt:
„Nicht alle werden bleiben –
aber viele dürfen sich wandeln."

Die Geduld Gottes

Hermas fragt:
„Wie lange wird der Bau offen bleiben?"

Und der Hirte antwortet:

„Solange Gott es will –
aber die Zeit wird nicht ewig warten."
„Darum rufe auf –
nicht mit Zwang,
sondern mit Sanftmut, mit Wahrheit."
„Denn auch ein schwerer Stein
kann durch Liebe rund werden."

Der Ruf an Hermas

Zum Schluss sagt der Hirte:
„Du wirst nun unterrichtet in Geboten –
Gebote des Lebens, der Umkehr, der Wachsamkeit."
„Schreibe sie auf, bewahre sie –
und sei dir bewusst:
Deine Feder ist ein Werkzeug Gottes."
Und Hermas neigte sich –
nicht aus Angst,
sondern in tiefer Bereitschaft.

Zusammenfassung der fünf Visionen

Vision I: Der Ruf zur Umkehr

Hermas sieht eine Frau in himmlischer Gestalt – später erkennt er: es ist **die Kirche**, die ihn mahnt. Sie weint über seine Sünden und die der Gemeinde.

Ein Ruf an alle: **Kehrt um – solange noch Zeit ist.**

Botschaft: Es gibt eine Gnadezeit – aber sie ist nicht ewig.

Vision II: Der Turm im Aufbau

Hermas sieht den Bau eines großen Turms aus lebendigen Steinen. Die Kirche wächst – aber nur durch **Reinheit und Treue** kann jemand Teil davon sein.

Botschaft: Der Bau des Reiches Gottes geschieht **in dir** – Stein für Stein.

Vision III: Die Prüfung und Reinigung

Hermas erlebt schwere Prüfungen – Angst, Zweifel, Versuchung. Eine Frau (die Kirche) erscheint erneut, nun gealtert – denn **Sünde hat sie geschwächt.**

Botschaft: Die Reinigung der Seele ist kein Weg ohne Kampf – aber er führt zur Erneuerung.

Vision IV: Die Offenbarung der Kirche

Hermas sieht die Kirche als eine **mächtige Frau**, erst alt, dann jung – je nachdem, wie treu die Gläubigen leben. Sie steht auf einem **felsenfesten Fundament**.

Botschaft: Die Kirche lebt im Wandel der Herzen. Wenn du rein wirst – wird auch sie neu.

Vision V: Der Engel der Buße

Hermas trifft den **Hirten** – einen Engel, der ihn fortan leitet, ihn unterweist, ermahnt, tröstet. Dieser Hirte übergibt ihm die **Gebote** und beginnt mit dem **inneren Schulungsweg**.

Botschaft: Du wirst nicht allein gelassen – der Geist führt dich Schritt für Schritt in die Wahrheit.

Gesamte Essenz der Visionen – für uns

- Erkenne deine Zeit – kehre um, solange die Tür offen ist.
- Lass dich einfügen in das Bauwerk Gottes – aber werde klar, rein, wahr.
- Du wirst geführt – wenn du hörst, wirst du sehen.

Die 12 Gebote (Mandata) des Hirten des Hermas

Diese Gebote sind wie eine innere Schulung: Vertrauen, Keuschheit, Wahrhaftigkeit, Demut, Reue …

Das Erste Gebot – Glaube an den einen Gott

Der Hirte spricht

Der Hirte trat zu Hermas –
diesmal ohne Vision, ohne Feuer,
sondern wie ein stiller Lehrer.
Er sprach mit ruhiger Stimme:
„Schreibe dies:
Das erste Gebot, das ich dir gebe,
ist das Fundament aller Dinge."

Glaube – nicht als Meinung, sondern als Vertrauen

„Glaube an Gott,
der alle Dinge erschaffen hat –
den Unsichtbaren, Ewigen,

der durch keine Hand gemacht wurde,
und doch alles hält.“
„Vertraue ihm – nicht nur mit Worten,
sondern mit deinem Herzen,
mit deinem Tun,
mit deiner Stille.“
„Denn der Glaube ist kein Gedanke –
sondern ein Gehen auf dem Wasser.“

Kein anderer Gott

„Lass keinen anderen in deinem Innern wohnen –
weder Gold, noch Meinung,
noch die Angst der Menschen.“
„Was du anbetest, das formt dich.
Und was du fürchtest, das beherrscht dich.“
„Darum sei einfach – und sei klar:
Einer ist der Quell.“

Das Siegel der Seele

Der Hirte beugt sich zu Hermas und sagt:
„Der Glaube ist das Siegel deiner Seele –
das Zeichen, dass du zum Turm gehörst.“
„Wer wahrhaft glaubt,
zittert nicht vor dem Weltlichen.
Er geht – auch wenn der Boden schwankt.“

Schlusswort des Gebots

„Dies ist der erste Weg:
Nicht fragen, ob Gott existiert –
sondern mit ihm sprechen,
als wäre er neben dir.“
„Denn er ist es.“

Das Zweite Gebot – Hüte dich vor böser Rede

Der Hirte spricht

Der Hirte trat zu Hermas mit ernster Miene.
Er sprach leise, aber fest:
„Das zweite Gebot, das ich dir gebe,
ist wie ein Schild für dein Herz:
Bewahre dich vor bösen Worten –
gegen andere und gegen dich selbst."

Die Zunge ist wie ein Schwert

„Viele glauben, sie sündigen nicht –
weil sie nicht töten, nicht stehlen.
Doch ihre Zunge zerstört mehr als jedes Schwert."
„Verleumdung, Spott, Doppelsinn, falsches Lob –
all das schwärzt die Seele.
Und wer das Maß in seinen Worten verliert,
der verliert auch das Licht in seinen Augen."

Verleumdung als stille Vergiftung

„Sag nicht: ‚Ich habe nur meine Meinung gesagt.'
Denn jedes Wort ist ein Same –
und was du säst, wird Frucht bringen."
„Wer über andere schlecht spricht,
stiehlt ihnen das Licht –
und verliert sein eigenes."

Das Herz spricht durch Worte

Hermas fragte:
„Wie kann ich mich reinhalten, wenn ich schwach bin?"
Der Hirte antwortete:

„Fang bei deinem Herzen an.
Denn wer innerlich rein ist,
wird auch rein sprechen.
Die Zunge ist nur der Bote –
der König sitzt im Innern."

Die Heilung der Rede

„Wenn du dich vergriffen hast –
bitte um Vergebung.
Nicht nur bei Gott –
sondern bei dem, den du verletzt hast."
„Und gewöhne dir an:
mehr Stille, weniger Urteil.
Mehr Lob, weniger Vergleich.
Mehr Wahrheit, weniger Übertreibung.

Das Dritte Gebot – Reinheit in Herz, Liebe und Bund

Der Hirte spricht

Der Hirte stand schweigend vor Hermas.
Dann sagte er:
„Dies ist das dritte Gebot:
Sei rein in deinem Bund –
nicht nur im Körper,
sondern im Herzen."

Der Bund zwischen zwei Seelen

„Wenn zwei sich verbinden – in Ehe, in Treue, in Liebe –
dann werden sie zu einem Leib, einer Kraft, einem Haus."
„Wer diesen Bund entweiht,
zerreißt sich selbst –
auch wenn er es nicht sofort spürt."

Nicht nur die Tat, auch der Blick

Hermas fragte:
„Gilt es nur, nicht zu begehren in der Tat?"
Der Hirte antwortete:
„Wer mit den Augen schleicht,
hat das Herz schon gebeugt.
Und wer mit Gedanken spielt,
öffnet das Tor für die Tat."

„Darum sei wachsam –
nicht aus Angst,
sondern aus Würde."

Der Körper ist ein Tempel

„Dein Leib ist nicht bloß Fleisch –
er ist Hülle für den Geist,
Tempel für das Licht."
„Was du damit tust,
zeigt, was du im Innern ehrst."
„Darum entehre ihn nicht –
weder bei dir, noch bei anderen."

Vergebung und Rückkehr

„Doch wer gefallen ist –
und es aufrichtig bereut –
dem ist der Weg nicht verschlossen."
„Denn Gott ist barmherzig –
aber er liebt die Wahrheit mehr als den Schein."

Das Vierte Gebot – Die Kraft der Geduld

Der Hirte spricht

Der Hirte saß neben Hermas unter einem Baum.
Ein Wind ging durch die Blätter.
Und er sagte leise:
„Dies ist das vierte Gebot:
Halte Geduld in dir –
wie Wasser, das auch den härtesten Stein formt."

Geduld ist mehr als Warten

„Viele meinen, Geduld sei Schwäche.
Aber ich sage dir:
Geduld ist Stärke,
die nicht brüllt."
„Sie trägt Last,
aber verbittert nicht.
Sie sieht keine Frucht –
aber bleibt beim Säen."

Der Geduldige wankt nicht

„Wer geduldig ist,
wird nicht von Launen bewegt.
Er wird weder von Lob erhoben,
noch von Spott gestürzt."
„Er bleibt – weil er weiß:
Alles hat seine Stunde."

Geduld mit sich selbst

Hermas fragte:
„Und wenn ich mir selbst nicht verzeihen kann?"

Der Hirte antwortete:

„Auch mit dir musst du Geduld haben.
Denn du bist noch nicht vollendet –
aber du bist auf dem Weg."
„Gott formt nicht mit Hast –
sondern mit Treue."

Geduld mit anderen

„Richte niemanden in Eile.
Denn du siehst nur einen Ausschnitt –
und nicht die Tiefe."
„Wer ungeduldig mit anderen ist,
zeigt, dass er den Weg der Umkehr nicht kennt."

Das Fünfte Gebot – Wahrheit, Maß und innere Ordnung

Der Hirte spricht

Der Hirte stand nun aufrecht vor Hermas –
mit festem Blick und ruhiger Stimme:
„Dies ist das fünfte Gebot:
Lebe in Wahrheit – mit dir selbst und mit anderen.
Und halte Maß in allem, was du tust."

Die zwei Seelen im Menschen

„In dir leben zwei Kräfte:
Die eine zieht zur Wahrheit,
die andere zum Spiel, zum Schein, zur Maßlosigkeit."
„Wenn du nicht unterscheidest,
wird dein Herz verwirrt –
und du verlierst den Pfad."

Selbstbeherrschung ist kein Zwang – sondern Würde

„Viele sagen: ,Ich fühle so – also handle ich so.'
Doch Gefühle sind Wellen.
Der Weise aber ist wie ein Fels."

„Halte Maß beim Essen, beim Reden, beim Tun –
nicht aus Angst vor Fehlern,
sondern aus Achtung vor deiner Seele."

Die Macht der Wahrheit

Hermas fragte:
„Was, wenn mich die Wahrheit beschämt?"
Der Hirte antwortete:
„Wahrheit heilt – auch wenn sie brennt.
Lüge streichelt – aber vergiftet langsam."
„Sag, was ist.
Nichts weiter – nichts weniger.
Denn wer das Licht liebt,
flieht nicht vor Klarheit."

Der Lohn des Maßhaltenden

„Wer sich beherrscht –
in Wort, in Blick, in Tun –
dessen Seele wird ruhig.
Und in dieser Ruhe kann Gott wohnen."

Das Sechste Gebot – Reue, Umkehr und Rückkehr ins Licht

Der Hirte spricht

Der Hirte trat diesmal leiser zu Hermas.
Seine Augen waren weich –
wie die eines Vaters, der weiß, dass sein Kind gefallen ist.

Und er sagte:
„Dies ist das sechste Gebot:
Wenn du gefallen bist – steh auf.
Wenn du gefehlt hast – kehre zurück.
Denn Gott wartet nicht mit dem Schwert –
sondern mit offenen Armen."

Reue – nicht als Strafe, sondern als Wandlung

„Viele fürchten die Umkehr –
weil sie glauben, Gott wolle sie erniedrigen.
Aber ich sage dir:
Reue ist keine Kette – sie ist eine Tür."
„Der Weg zurück beginnt mit einem Blick –
einem echten Seufzer, einem stillen Ja."

Jeder kann zurückkehren – solange er lebt

Hermas fragt:
„Gibt es eine Grenze der Umkehr?"

Der Hirte antwortet:
„Solange du atmest, ist der Weg offen.
Aber geh nicht leichtfertig mit der Zeit um."
„Denn wer die Gnade verspottet,
dem wird der Weg selbst zur Mauer."

Reue zeigt sich im Tun

„Sage nicht nur: ‚Es tut mir leid.'
Sondern zeige: ‚Ich bin neu.'
Nicht aus Zwang –
sondern aus Liebe zum Licht."
„Gott sieht nicht nur das Wort –
sondern das Herz, das es spricht."

Ermutigung für die Gefallenen

„Richte keinen, der gefallen ist.
Denn du kennst seinen Weg nicht –
und weißt nicht, wie nah er schon am Licht war,
als er strauchelte."
„Hilf ihm auf.
Und vielleicht hilft er einst dir."

Das Siebte Gebot: Furchtlos glauben, aber in Ehrfurcht leben

Der Hirte spricht

Der Hirte kam Hermas entgegen,
und in seiner Stimme lag Kraft:
„Dies ist das siebte Gebot:
Fürchte nichts außer Gott –
nicht Menschen, nicht Geister, nicht Worte, nicht Zukunft.
Aber lebe mit Ehrfurcht – nicht mit Übermut."

Die falsche Angst

„Viele Menschen fürchten das Falsche:
Krankheit, Armut, Ablehnung, Tod.
Doch das Einzige, was sie fürchten sollten,
ist das, was ihre Seele verdunkelt."
„Denn wer das Licht verliert,
hat alles verloren – selbst wenn er die Welt gewinnt."

Die wahre Ehrfurcht

„Ehrfurcht ist keine Angst –
sondern Klarheit, dass du ein Geschöpf bist,
das in einer Ordnung lebt, die größer ist als es selbst."
„Sie ist stille Demut –
kein Zittern, sondern Achtung."

Furcht schwächt den Glauben

Hermas fragt:
„Warum gerate ich ins Wanken, wenn Angst kommt?"
Der Hirte antwortet:
„Weil Angst eine Wurzel hat,
die tief im Zweifel liegt.

Wer Gott vertraut,
kann den Sturm hören – aber nicht beben."
„Glaube macht nicht blind.
Er macht stark –
weil er auf das Unsichtbare sieht."

Der Weg aus der Angst
„Sprich zu deiner Angst:
‚Du bist nicht mein Meister.'
Und kehre ins Gebet zurück."
„Denn wo Licht ist,
kann sich der Schatten nicht halten."

Das Achte Gebot – Versöhne dich und halte den Zorn fern

Der Hirte spricht

Der Hirte kam diesmal nicht gehend –
sondern ruhend, mit gefalteten Händen.
Und er sagte:
„Dies ist das achte Gebot:
Sei nicht zornig – weder schnell noch verborgen.
Denn der Zorn ist der Bruder des Hasses,
und der Vater des Streits."

Der Zorn beginnt leise
„Zorn zeigt sich nicht immer laut.
Manchmal schweigt er –
aber sein Schweigen ist eine Mauer."
„Er beginnt im Herzen –
mit Groll, mit Verletzung, mit Unausgesprochenem."
Und was nicht vergeben ist,
wächst – wie ein Dorn im Fleisch."

Der Ruf zur Versöhnung
„Wenn jemand dich verletzt hat –
geh und suche den Frieden.
Nicht um Recht zu behalten,
sondern um heil zu werden."
„Und wenn du jemanden verletzt hast –
zögere nicht mit der Umkehr.
Die Seele wartet auf diese Klärung."

Selbstvergebung ist der erste Schritt

Hermas fragt:
„Was, wenn ich mir selbst nicht verzeihe?"

Der Hirte antwortet:
„Dann verstrickst du dich doppelt –
in Stolz und in Schuld.
Gott will nicht, dass du dich geißelst –
sondern dass du zurückkehrst."
„Vergebung ist kein Verdienst –
sie ist ein Geschenk, das du annehmen musst."

Wer Frieden trägt, wird Frieden geben
„Ein Mensch, der im Innern streitet,
kann keinen Frieden bringen.
Aber ein Herz, das vergeben hat,
ist wie frisches Wasser für die Dürstenden."

Das Neunte Gebot – Prüfe die Geister und bleibe im Wahren

Der Hirte spricht

Der Hirte trat diesmal mit einem feinen Lichtschein auf.
Und seine Worte waren wie ein Schwert –
nicht zum Spalten, sondern zum Trennen von Echtem und
Schein.

„Dies ist das neunte Gebot:
Glaube nicht jedem Geist –
sondern prüfe, ob er aus Gott ist.“

Viele Stimmen – nicht alle führen ins Licht

„Es gibt viele, die sprechen im Namen Gottes –
doch sie sprechen aus Ehrgeiz, aus List, aus Blendung.“
„Es gibt Visionen –
aber nicht jede stammt aus der Höhe.
Manche entstehen aus dem Wunsch, gesehen zu werden.“

Die Prüfung des Geistes

Hermas fragt:
„Wie erkenne ich, was aus Gott ist?“

Der Hirte antwortet:
„Der Geist, der aus Gott ist –
bringt Frieden, Demut, Wahrheit und Barmherzigkeit.
Er stellt nicht sich selbst in den Mittelpunkt –
sondern das Licht, das allen dient.“

„Der falsche Geist aber verwirrt,
bläht auf, spaltet,
nährt Angst oder Hochmut.“

Die Haltung des wahren Hörens

„Suche nicht dauernd nach Offenbarungen –
sondern nach Klarheit.
Und wenn dir etwas gesagt wird,
prüfe es im Gebet, im Schweigen, im Leben.“

„Denn der wahre Geist widerspricht nie dem,
was aus Liebe, Gerechtigkeit und Wahrheit kommt.“

Verantwortung für das, was man weitergibt

„Wer Worte weitergibt, ohne sie geprüft zu haben,
trägt mit an ihrer Wirkung."

„Sprich nicht leichtfertig: ‚Gott hat mir gesagt' –
wenn du das Echo deiner eigenen Stimme hörtest."

Das Zehnte Gebot – Über Traurigkeit, Mutlosigkeit und die Kraft des Vertrauens

Der Hirte spricht

Der Hirte kam mit langsamen Schritten.
Sein Blick war sanft –
wie einer, der um den Schmerz des Menschen weiß.
Und er sagte:

„Dies ist das zehnte Gebot:
Lasse dich nicht niederreißen vom Kummer –
denn die Traurigkeit tötet mehr Seelen als das Schwert."

Traurigkeit ist kein Feind – aber ein Gast

„Es ist keine Sünde, traurig zu sein –
denn auch Jesus weinte.
Doch wehe dem, der die Traurigkeit zu seinem Herrn macht."

„Sie darf kommen –
aber sie darf nicht regieren."

Die Kraft der Hoffnung

„Der Traurige sieht nur den Schatten –
und vergisst das Licht, das ihn geformt hat."

„Gott ist nicht fern –
aber die Traurigkeit zieht einen Schleier vor seine Nähe."

„Darum: Steh auf.
Auch wenn du zitterst. Auch wenn du leer bist.
Steh auf – und geh weiter."

Mutlosigkeit lähmt das Tun

Hermas fragt:
„Was, wenn ich keine Kraft mehr habe?"

Der Hirte antwortet:
„Sprich: ‚Ich vertraue.'
Nicht, weil du stark bist –
sondern weil Gott treu ist."

„Mut wächst nicht aus dir –
sondern aus der Quelle,
die dich niemals verlässt."

Die Freude als Entscheidung

„Freude ist kein Gefühl –
sie ist ein geistiger Akt.
Eine Ausrichtung.
Eine Wahl gegen das Dunkel."

„Wer trotz allem vertraut –
der wird wie ein Baum,
der selbst im Winter weiß: Der Frühling kommt."

Das Elfte Gebot – Verzweifle nicht an der Barmherzigkeit Gottes

Der Hirte spricht

Der Hirte stand lange schweigend.
Dann sagte er:
„Dies ist das elfte Gebot:
Verzweifle niemals –
auch wenn du tausendmal gefallen bist.

Denn solange dein Herz noch ruft,
ist Gott dir nah."

Die Lüge der Hoffnungslosigkeit

„Der größte Betrug des Bösen ist dies:
Dich glauben zu machen, dass du verloren bist –
obwohl Gott noch ruft."

„Es gibt keine Sünde,
die seine Gnade nicht übersteigen kann –
nur ein Herz, das sich nicht mehr heilen lassen will."

Das Erkennen der göttlichen Geduld

„Du bist nicht weiter entfernt von Gott,
weil du oft gefallen bist –
sondern weil du dich nicht mehr traust, zu ihm zu kommen."
„Gott wird müde vom Stolz –
aber niemals von der Rückkehr des Gebrochenen."

Hermas fragt

„Und wenn ich mich selbst nicht mehr lieben kann?"
Der Hirte antwortet:
„Dann bitte Gott,
dass er dich mit seinen Augen sieht."

„Denn du bist nicht, was du getan hast –
sondern was du wirst,
wenn du ins Licht zurückkehrst."

Rückkehr ist immer möglich

„Glaube nicht den Stimmen, die sagen:
‚Es ist zu spät.'
Die Zeit mag drängen –

aber solange du noch atmen kannst,
kannst du auch noch lieben, glauben, umkehren."

Das Zwölfte Gebot – Tue das Gute und verkörpere, was du glaubst

Der Hirte spricht

Der Hirte kam mit einem leichten Lächeln.
Er blickte Hermas an wie ein Lehrer,
der weiß, dass der Schüler nun bereit ist.

Und er sprach:
„Dies ist das zwölfte Gebot:
Lass dein Leben das Gute bezeugen,
das du im Herzen trägst.
Glaube genügt nicht – wenn er nicht handelt."

Der gute Mensch ist nicht der, der schweigt

„Viele sagen: ‚Ich glaube an das Licht.'
Aber ihr Tun bleibt im Schatten.
Was nützt das reine Wasser,
wenn es in einem verschlossenen Krug bleibt?"

„Der wahre Gläubige ist wie eine Quelle –
nicht für sich, sondern für die Dürstenden."

Jeder hat ein Maß – aber auch eine Aufgabe

„Du musst nicht alles tun.
Aber du musst das tun, was dir gegeben ist."

„Ein liebes Wort,
ein gerechtes Urteil,
eine stille Hilfe,
ein ehrliches Gebet –
all das baut das Reich Gottes."

Der Glaube zeigt sich im Alltag

Hermas fragt:
„Und was ist, wenn ich versage im Tun?"

Der Hirte antwortet:
„Dann tue es neu.
Nicht der Perfekte wird geehrt,
sondern der Aufrichtige."

„Gott braucht keine Helden –
sondern Hände."

Am Tun erkennt man den Geist

„Die Welt achtet auf Worte –
Gott achtet auf Werke."

„Sprich wenig – handle viel.
Denn durch dein Leben wird sichtbar,
welchem Geist du wirklich folgst."

Die 12 Gebote des Hirten – Zusammenfassung

1. Glaube an den Einen Gott

Bleibe fest im Vertrauen – egal, was kommt.
Kein Wandel der Welt soll dich vom Ursprung trennen.

2. Einfachheit und Wahrheit

Sprich klar. Lebe wahr.
Täuschung – auch aus Angst – verdunkelt das Licht.

3. Reinheit im Herzen & im Bund

Liebe ist heilig – nicht Besitz.
Treue beginnt im Blick und im Denken.

4. Geduld

Werde weich für den Wandel – hart im Bleiben.
Geduld ist stille Kraft.

5. Selbstbeherrschung & Wahrheit

Halte Maß. Sage, was ist.
Wer wahr lebt, lebt in Frieden.

6. Umkehr & Reue

Jeder kann heimkehren – auch nach vielen Stürzen.
Gott will nicht Perfektion, sondern Wahrheit.

7. Ehrfurcht statt Angst

Fürchte nicht die Welt –
aber lebe in Ehrfurcht vor dem Licht in ihr.

8. Versöhnung

Lass den Zorn los –
vergib, um frei zu werden.

9. Unterscheide die Geister

Nicht alles, was glänzt, kommt aus Gott.
Prüfe. Spüre. Bleibe wach.

10. Traurigkeit nicht regieren lassen

Lass sie kommen – aber nicht herrschen.
Freude ist eine Wahl.

11. Verzweifle nie an der Gnade

Es ist nie zu spät –
solange dein Herz noch ruft.

12. Tue das Gute

Glaube will Gestalt werden.
Handle. Liebe. Werde zur Quelle.

Gleichnisse (Parabeln - „Similitudines") Hirte Hermas

Tiefe innere Bilder, die den Zustand der Seele, der Gemeinde und der Welt beschreiben. Es gibt zehn Gleichnisse, die vom Hirten des Hermas erzählt werden.

1. Gleichnis – Der Weinstock und der Knecht

Der Hirte erzählt

„Ein Herr hatte einen Knecht,
dem er einen **Weinstock** anvertraute.
Der Herr sagte:
,Umgib ihn mit einer Mauer, grabe eine Grube, pflanze und pflege ihn.'
Der Knecht tat alles, was ihm gesagt wurde –
und der Weinberg trug **reiche Frucht**.

Der Herr kommt zurück

Als der Herr kam,
sah er den **blühenden Weinberg**,
voller Trauben, gepflegt und stark.

Und er rief den Knecht und sagte:
*„Du bist ein guter Knecht –
und ich werde dich nun zu meinem Erben machen."*

Denn:
*„Was du im Kleinen treu verwaltet hast,
sollst du im Großen empfangen."*

Die Bedeutung des Gleichnisses

Hermas fragt den Hirten:
„Wer ist dieser Knecht?"

Der Hirte antwortet:
*„Es ist der Mensch, dem Gott das Leben anvertraut hat –
und der es in Treue pflegt."*

„Der Weinberg ist die Seele –
und der Herr ist Gott."

„Wenn du das, was dir gegeben wurde,
mit Hingabe und Ausdauer pflegst –
wird es wachsen. Und Gott wird dir mehr anvertrauen."

2. Gleichnis – Der dürr gewordene Baum

Der Hirte erzählt

Ich sah einen **großen Baum**,
dessen Zweige alle dürr geworden waren.
Kein Blatt, kein Leben, kein Zeichen von Kraft.

Und ich fragte:
‚Ist dieser Baum tot?'

Doch der Hirte sagte:
‚Nein – schau genauer hin.
Er hat Wurzeln. Und aus ihnen wird er neu austreiben.'

Der Baum erblüht erneut

Nach einer Zeit erschien mir der Baum **wieder** –
und siehe:
Er war **grün geworden**,
hatte neue Zweige, neue Blätter, neue Kraft.

Ich war erstaunt –
und der Hirte sagte:

„So ist es mit der Seele des Menschen.
Auch wenn sie wie verdorrt erscheint –
sie kann neu erstehen, wenn sie sich Gott wieder zuneigt."

Die Bedeutung des Gleichnisses

„Der Baum bist du.
Die Dürre ist dein innerer Rückzug von Gott.

Aber solange deine Wurzeln im Licht bleiben –
kannst du erneuert werden."

„Verzweifle nie,
wenn du keine Frucht siehst.
Gott wirkt im Verborgenen –
und der Frühling kommt."

3. Gleichnis – Der Knecht, der zum Sohn wurde

Der Hirte erzählt

„Ein Herr hatte viele Knechte.
Aber einer unter ihnen war treuer als alle anderen.
Der Herr sah, dass dieser Knecht:
in Stille arbeitete,
nie klagte,
und dem Haus des Herrn diente,

als wäre es sein eigenes."

Der Herr sagte zu sich:
„Dieser Knecht ist nicht wie die anderen –
er ist mir wie ein Sohn."

Und so machte er ihn **zum Erben** seines Hauses.

Die innere Umwandlung

Der Hirte sagte:
„Nicht weil er diente –
sondern weil er aus Liebe diente,
wurde er verwandelt."

„Er tat nicht, was er musste –
sondern was sein Herz wollte."

Die Bedeutung des Gleichnisses

Hermas fragte:
„Was zeigt uns dieses Bild?"

Der Hirte antwortete:

„Viele Menschen dienen Gott aus Angst,
Pflicht oder Gewohnheit.
Aber wenige dienen aus Liebe."

„Und wer liebt, wird nicht mehr Knecht bleiben –
sondern Kind.
Denn in der Liebe wird das Gesetz zum Herzschlag."

4. Gleichnis – Der Turm aus lebendigen Steinen

Die Vision des Turms

Der Hirte führte Hermas auf einen Hügel.
Dort sah er viele Menschen – Männer und Frauen,
die **große Steine trugen** zu einem **mächtigen Turm.**

Der Turm war aus **lebendigen Steinen** gebaut –
und manche passten perfekt hinein,
während andere **zur Seite gelegt** wurden.

Die Auswahl der Steine

Der Engel sagte:
„Der Turm ist das Bild der Gemeinde Gottes.
Nur wer geläutert, klar und tragfähig ist,
wird eingefügt."

Und Hermas fragte:
„Was geschieht mit den anderen?"

Der Engel antwortete:

„Sie werden gereinigt, gehauen, bearbeitet –
und später wieder geprüft.
Denn Gott verwirft niemanden leichtfertig."

Die Werkzeuge des Geistes

Hermas sah, wie einige Steine **zu schwer,**
zu kantig oder **zerbrochen** waren.

Doch dann erschienen **Engel mit Werkzeugen** –
sie meißelten, schliffen, richteten aus.

Und der Engel sagte:

„Das sind die Prüfungen.
Das ist das Leiden.
Das ist die Zurechtbringung durch das Wort und den Geist."

Die Bedeutung des Turmbaus

„Gott baut seinen Tempel nicht mit Ziegeln –
sondern mit Herzen.
Jeder Mensch ist ein Stein.
Und nur wer bereit ist, sich formen zu lassen,
wird Teil des großen Ganzen."

5. Gleichnis – Der Weinberg und die nutzlosen Reben

Der Hirte erzählt

Ein Herr hatte einen **großen Weinberg,**
voller Reben und gutem Boden.
Er stellte **viele Arbeiter** ein –
gab ihnen Wasser, Werkzeuge und Weisung.

Doch **einige arbeiteten fleißig** –
andere aber **ließen ihre Reben verwildern,**
vergaßen zu pflegen, gaben auf.

Die Erntezeit kommt

Als der Herr zurückkehrte,
sah er:
manche Reben trugen **reiche Frucht** –
andere nur **Dornen und Staub.**

Und der Herr sprach:
„Ich habe euch alles gegeben –
warum habt ihr nicht gepflegt,

was ich euch anvertraute?"

Die Erklärung des Hirten

Hermas fragte:

„Was bedeutet dieses Gleichnis?"

Der Hirte antwortete:

„Der Weinberg ist die Welt.
Die Arbeiter sind die Menschen.
Die Frucht ist das, was aus Liebe, Demut und Wahrheit ent-
steht."

„Viele empfangen Segen –
aber sie vergessen, ihn weiterzugeben."

„Nicht der Empfang entscheidet,
sondern das, was du daraus machst."

Die Warnung

„Die nutzlosen Reben werden abgeschnitten –
nicht aus Zorn,
sondern weil sie den Boden anderen versperren."

„Gott liebt alle –
aber Fruchtlosigkeit ist nicht Demut,
sondern Verweigerung."

6. Gleichnis – Die verschiedenen Seelen, die das Wort hören

Der Hirte spricht

Ein Sämann ging hinaus,
um das Wort Gottes auf die Herzen zu säen.
Doch nicht jeder Acker trug die gleiche Frucht –
und nicht jedes Herz reagierte gleich.

Die sieben Seelenarten

Der Hirte zeigt Hermas **sieben Arten von Seelen**,
die das Wort hören –
und wie sie damit umgehen:

1. Die Harte Erde

Hört – aber schließt sich sofort.
Keine Reue, keine Öffnung.
Das Wort perlt ab wie Regen auf Stein.

2. Die Sprunghafte

Hört und jubelt –
doch sobald Druck kommt, verlässt sie den Weg.
Die Freude war nur oberflächlich.

3. Die Getäuschte

Hört, aber lässt sich vom Reichtum,
den Sorgen und der Welt ablenken.
Das Wort wird erstickt.

4. Die Zweifelnde

Hört – aber fragt ständig:
„Ist das wirklich wahr?"
Der Same keimt, doch ohne Vertrauen verdorrt er.

5. Die Gleichgültige

Hört – aber fühlt nichts.
Alles ist „ganz nett", aber nichts dringt ein.
Das Herz ist träge.

6. Die Reuevolle

Hört und wird tief getroffen.
Zuerst leidet sie – aber dann erwacht sie.
Und aus der Reue wächst Frucht.

7. Die Gute Erde

Hört, behält, pflegt – und bringt reichlich Frucht.
Auch wenn es langsam geht, bleibt sie treu.
Das Wort lebt in ihr.

Der Hirte erklärt

„Du kannst die Erde deines Herzens wandeln –
durch Reue, Gebet und Bereitschaft."

„Gott zwingt keinen Samen zum Wachsen –
aber er schenkt das Licht."

7. Gleichnis – Das wahre Fasten

Der Hirte spricht

„Viele sagen:
,Ich faste – und Gott wird mich hören.'
Aber sie leben ohne Barmherzigkeit.
Sie unterdrücken, lügen oder urteilen –
und glauben, ihr Verzicht macht sie gerecht."

Der Hirte sagte:

„Das Fasten, das Gott will, ist dies:
Entziehe nicht nur deinem Leib –
sondern deinem Herzen die Ungerechtigkeit."

Drei Arten des Fastens

Der Hirte zeigt drei Menschen, die fasten:

1. Der Stolze

Er fastet, aber prahlt.
Er glaubt, sich Verdienste zu erwerben –
und schaut auf andere herab.

Er empfängt nichts.

2. Der Ängstliche

Er fastet aus Furcht – nicht aus Liebe.
Er tut es, weil er denkt, Gott sei zornig.
Sein Herz bleibt verschlossen.

3. Der Gütige

Er fastet still.
Und was er spart, gibt er den Hungrigen.
Er betet, liebt, handelt.
Und Gott hört ihn – weil sein Herz offen ist.

Der Hirte erklärt

*„Das wahre Fasten ist:
nicht sich selbst zu quälen –
sondern den anderen zu heilen."*

*„Wenn du fastest,
dann teile, segne, vergib."*

*„Denn was du dem Geringen tust,
das tust du Gott."*

8. Gleichnis – Der Weidenbaum und die 12 Gruppen

Die Vision vom Baum

Der Hirte zeigte Hermas einen **großen Weidenbaum**,
der an einem Fluss stand.
Seine Zweige hingen tief –
sanft und biegsam im Wind.

Der Hirte sagte:
„Reiße einen Zweig ab – und teile ihn aus."

Hermas tat es.
Und die Menschen kamen –
einer nach dem anderen nahm einen Zweig.

Die zwölf Gruppen

Danach rief der Hirte Hermas erneut –
und zeigte ihm die Zweige in den Händen der Menschen.

Und siehe:
Die Zweige hatten sich **unterschiedlich verändert.**

Er sprach:

1. Die grünen, mit Frucht

Diese haben das Wort aufgenommen,
bewahrt und leben danach.
Sie sind stark im Geist.

2. Die grünen, ohne Frucht

Diese glauben – aber handeln noch nicht.
Ihre Frucht wird kommen, wenn sie reifen.

3. Die verdorrten, aber mit Rinde

Diese haben das Wort vergessen –
aber das Licht lebt noch verborgen in ihnen.

4. Die schwarzen, gebrochenen Zweige

Diese haben das Licht abgelehnt,
sind hart geworden im Herzen.

5–12. *Weitere Gruppen*

(teils zerbrochen, teils wiederkehrend, teils schwankend)

Einige kehren zurück.
Andere fallen ab.
Einige schwanken –
aber **alle werden erneut geprüft.**

Der Hirte erklärt

*„Das Wort Gottes wird allen gegeben –
aber die Frucht hängt vom Herzen ab."*

„Nicht die Gabe entscheidet –
sondern das, was du daraus machst."

„Doch wisse:
Niemand wird verworfen, der zurückkehren will."

9. Gleichnis – Der große Felsen und das lebendige Wasser

Die Vision vom Felsen

Der Hirte zeigte Hermas einen **gewaltigen Felsen,**
der aus der Erde herausragte.
Aus seinem Inneren floss **klares, lebendiges Wasser** –
ein **Strom aus Licht und Reinheit.**

Viele Menschen tranken daraus.
Manche kamen sofort – andere zögerten.
Einige schauten nur, trauten sich aber nicht heran.

Die Bedeutung des Felsens

Der Hirte erklärte:

„Dieser Fels ist Christus –
das lebendige Fundament des Lichts.
Das Wasser ist sein Wort, das alles reinigt."

„Wer davon trinkt,
wird innerlich neu geboren."

Die zwölf Berge ringsum

Hermas sah, dass rund um den Felsen
zwölf Berge standen –
jeder mit einer anderen Farbe und Bedeutung.

Der Hirte sagte:

„Sie zeigen die unterschiedlichen Seelenqualitäten –
Reinheit, Liebe, Demut, Erkenntnis …
aber auch Stolz, Trägheit, Spaltung."

Die Erwählten

Hermas sah, wie **Engel lebendige Steine**
vom Felsen ablösten –
und sie trugen sie fort, um **den Tempel Gottes** zu bauen.

Die Steine leuchteten –
manche klar, manche noch rau.

„Sie sind die,
die in Reinheit und Treue leben –
aus allen Stämmen, allen Zeiten."

10. Gleichnis – Der vollendete Turm

Die letzte Erscheinung des Turms

Der Hirte zeigte Hermas erneut den Turm –
diesmal **vollständig, glänzend, in vollendeter Schönheit.**

Keine Baustelle mehr,
keine Werkzeuge, keine Gerüste –
nur vollkommene Harmonie.

Und Hermas sah:
Der Turm war **aus Seelen erbaut,**
die wie **leuchtende Steine** ineinandergefügt waren –
ohne Spalt, ohne Zwang, **aus reiner Liebe.**

Die Auswahl der Steine

Der Hirte erklärte:

„Jetzt ist die Zeit der Prüfung vorbei.
Die Steine wurden gesichtet, geschliffen und geprüft."

Manche wurden hineingesetzt.
Manche zur Seite gelegt –
nicht aus Zorn, sondern wegen fehlender Reife.

Doch alle, die **bereit** waren,
wurden **aufgenommen in den ewigen Bau.**

Das Feuer der Läuterung

Hermas sah, dass einige Steine
durch Feuer gingen, bevor sie eingesetzt wurden.

Der Hirte sagte:

„Diese wurden geprüft in Leid, Versuchung und Umkehr.
Und weil sie nicht aufgaben,
sind sie nun Teil des lebendigen Tempels."

Die Stimme Gottes

Am Ende sprach eine Stimme vom Himmel:

„Dies ist mein Haus.
Es ist errichtet aus Treue, Reue, Liebe und Wahrheit.
Und es wird nicht wanken –
denn ich selbst bin seine Mitte."

Zusammenfassung der 10 Gleichnisse des Hirten des Hermas

Ein Ruf zur inneren Erneuerung

1. Gleichnis: Der Knecht im Weinberg

Treue im Kleinen wird zur Erbschaft im Großen.
Wer das anvertraute Leben mit Sorgfalt pflegt,
wird vom Diener zum Sohn.

2. Gleichnis: Der verdorrte Baum

Auch wenn du innerlich trocken bist –
solange du Wurzeln trägst, kann neues Leben wachsen.

3. Gleichnis: Der Knecht, der Sohn wurde

Nicht Pflicht macht dich groß – sondern freiwillige Liebe.
Gott sucht Herzen, keine Roboter.

4. Gleichnis: Der Turm aus lebendigen Steinen

Du bist ein Teil eines heiligen Baus.
Aber nur, wenn du dich schleifen lässt – in Geduld, Demut,
Wahrheit.

5. Gleichnis: Die verwahrlosten Reben

Gott gibt jedem einen Abschnitt seines Weinbergs.
Aber Frucht entsteht nur, wenn du dich kümmerst.

6. Gleichnis: Die sieben Seelenarten

Wie du das Wort hörst, entscheidet über dein Wachstum.
Das Geheimnis liegt nicht im Hören – sondern im Bewahren.

7. Gleichnis: Das wahre Fasten

Verzicht ohne Liebe ist leer.
Teile, heile, diene – das ist das Fasten, das Gott gefällt.

8. Gleichnis: Der Weidenbaum und die 12 Gruppen

Jeder empfängt denselben Zweig –
aber nicht jeder trägt ihn gleich weiter.
Bleibe im Licht, auch wenn du gefallen bist.

9. Gleichnis: Der Fels und das lebendige Wasser

Christus ist der feste Grund –
und sein Wort ist Wasser, das die Seele wäscht.
Trinke, solange es fließt.

10. Gleichnis: Der vollendete Turm

Am Ende werden die Seelen, die geläutert sind,
Teil eines leuchtenden Hauses –
in dem Gott selbst wohnt.

Gesamte Essenz – für uns

- Du wirst geprüft – nicht um gebrochen zu werden,
  sondern um fähig zu sein, Licht zu tragen.
- Du bist ein Stein – aber lebendig.

Und du entscheidest, ob du Teil des Turms wirst.

- Das Ziel ist kein Dogma –
  sondern die Rückkehr zur Reinheit des Herzens.

Weisheit Salomos

„Die Weisheit Salomos – Die Stimme des Ewigen in dir" ist ein Werk, das nicht nur Weisheit verspricht, sondern Erkenntnis schenkt, allen, die bereit sind, innerlich zu hören.

Die „Weisheit Salomos" ist kein philosophischer Text, sondern eine geistige Einladung.

Sie wurde wahrscheinlich in Alexandria verfasst, von einem Weisen, der sich mit der Seele Salomos verband.

Der Text verbindet hebräische Mystik mit griechischer Tiefe, und das Ergebnis ist ein Strom reiner, lebendiger Weisheit.

Er spricht über:

- die Unsterblichkeit der Seele.
- Die Prüfung des Gerechten.
- Die Macht des Wortes.
- Und die Gegenwart der Weisheit als weibliches göttliches Prinzip

Die Weisheit ist ein Hauch der Kraft Gottes, ein reiner Ausfluss der Herrlichkeit des Allherrschers.

Es ist eines der ersten Bücher, das klar sagt:

> **Die Gerechtigkeit kommt nicht von außen, sondern wohnt im Herzen.**

Es stellt das Dogma auf den Kopf: Nicht der Mächtige ist gottgefällig, sondern der Demütige, der Wahrhaftige, der Liebende.

Vielleicht war es genau dieser Klang, der dazu führte, dass das Buch aus dem offiziellen Kanon verschwand.

Die Weisheit Salomos ist keine Erinnerung an vergangene Zeiten – sie ist ein Spiegel der Seele.

Und sie flüstert:

> **„Du trägst das Licht nicht erst, wenn du vollkommen bist – du trägst es, weil du lebst."**

Kapitel 1: Die Liebe zur Gerechtigkeit

„Liebt die Gerechtigkeit, ihr Richter der Erde –
denkt gut von Gott und sucht ihn
mit aufrichtigem Herzen."

Gott offenbart sich nicht dem Spötter,
sondern dem, der **rein und friedfertig** denkt.

Die **Sprache** ist ein Maßstab –
denn das **Wort verrät den Zustand des Herzens.**

„Bewahre deine Zunge –
denn sogar ein leises Flüstern wird gehört."

Weisheit ist ein heiliger Geist,
der niemanden liebt, der doppelt redet.

Kern: Die Weisheit ist nicht Verstand – sondern inneres Licht, das nur im Reinen wohnen will.

Kapitel 2: Die Gedanken der Gottlosen

**„Lasst uns essen und trinken – denn
morgen sind wir tot!"**

So denken die,
die **nur das Sichtbare** für wahr halten.

Sie sagen:

Der Gerechte ist lästig,
denn er **widerspricht unserem Tun.**

Er **nennt sich Kind Gottes**
und behauptet, es gäbe ein Gericht.

Lasst uns ihn **prüfen mit Schmach und Qual,**
ob Gott ihn wirklich rettet!

Und so planen sie den Tod des Gerechten –
doch **sie verstehen nicht:**

„Gott hat den Menschen zur Unsterblichkeit geschaffen."

Kapitel 3: Die Seele der Gerechten

**„Die Seelen der Gerechten sind in Gottes Hand –
und keine Qual rührt sie an."**

In den Augen der Welt: sie sterben.

In der Wahrheit: sie **gehen ein in Frieden.**

*„Ihr Tod schien Strafe – doch es war Verklärung.
Ihr Weg schien verloren – doch es war Läuterung."*

- **Wie Gold im Feuer geprüft,**
werden sie **klar wie Licht.**

*„Sie werden leuchten wie Funken im Stoppelfeld –
und mit Christus herrschen in Ewigkeit."*

Kapitel 4: Der frühe Tod des Gerechten

*„Ein kurzes Leben in Weisheit
ist besser als ein langes in Bosheit."*

Der Gerechte kann jung sterben –
aber er **lebt vollendet**,
denn seine Seele war **schön vor Gott.**

**„Er gefiel Gott – darum wurde er entrückt,
damit das Böse ihn nicht verderbe."**

Die Welt versteht das nicht –
sie klagt und sagt: *„Er ist zu früh gegangen!"*
Doch Gott **sammelt ihn zu sich.**

*„Er wird in Frieden ruhen,
während die Gottlosen vergehen –
ohne Erinnerung."*

Kapitel 5: Die Reue der Gottlosen

*„Dann werden die Gottlosen in Angst stehen –
und über die Gerechten sprechen:
,Den hielten wir für nichts –
doch siehe, er zählt zu Gottes Kindern.'"*

Sie begreifen:
Reichtum, Macht, Schönheit – nichts davon bleibt.
Der Wind hat es verweht.

Und sie sagen:

*„Wir haben den Weg der Wahrheit verfehlt –
und das Licht der Gerechtigkeit nicht erkannt."*

*„Ihre Hoffnung ist wie Spreu im Wind –
aber der Gerechte hat festen Grund."*

Kapitel 6: Ruf an die Könige und Herrschenden

*„Hört, ihr Könige, und versteht!
Denn Macht ist euch nur geliehen."*
Je größer die Verantwortung,
desto **strenger das Gericht.**

„Gott wird euch nicht nach eurer Krone fragen,
sondern nach eurem Herzen."

Weisheit ist kein Privileg –
sie ist **offen für alle**, die sie suchen.

„Am frühen Morgen sollst du nach ihr verlangen –
denn wer sie liebt,
wird sie finden."

„Weisheit lehrt Mäßigung, Klugheit, Gerechtigkeit, Kraft –
sie ist ein Spiegel des ewigen Lichtes."

Kapitel 7: Salomos Erkenntnis: Weisheit ist göttlich

„Auch ich bin nur ein Mensch –
sterblich wie alle, geboren aus Staub."

Salomo sagt:
Nicht Geburt oder Königstum macht ihn weise –
sondern **Gebet**.

„Ich rief – und die Weisheit kam zu mir.
Ich wählte sie vor Zepter und Thron,
vor Gold und Edelsteinen."

Die Weisheit ist kein Besitz –
sondern ein **Geschenk des Geistes**.

„Sie ist ein Hauch der Kraft Gottes,
ein reiner Abglanz der Herrlichkeit des Allherrschers."

In ihr ist:
Einsicht, Reinheit, Liebe, Klarheit, Allwissenheit –
und unermüdliche Güte.

Kapitel 8: Die Eigenschaften der Weisheit

„Stark, gütig, klar, allmächtig –
aber freundlich."

Sie ist **die Freundin Gottes**
und zugleich **Lehrmeisterin der Menschen.**

Salomo sagt:

„Ich wünschte, sie zu meiner Braut zu machen."

Denn durch sie weiß man:

Was gerecht ist
Was verborgen ist
Was über Zeit und Raum hinausreicht

„Sie ist schöner als das Licht –
denn das Licht vergeht,
doch die Weisheit bleibt."

Kapitel 9: Salomos Gebet um Weisheit

„Gott meiner Väter –
sende mir die Weisheit von deinem heiligen Thron."

Er bittet, **nicht für Macht,**
sondern um das **Verstehen der Wege Gottes.**

„Denn was der Mensch denkt, ist unsicher –
und seine Pläne zerbrechlich."

Nur durch die Weisheit wird das Herz gefestigt.

„Leite mich, o Geist der Heiligkeit,
auf geradem Pfad –
damit ich dein Volk führe in Gerechtigkeit."

Kapitel 10: Die Weisheit rettet die Gerechten

„Die Weisheit schützte den ersten Menschen – Adam –
und zog ihn aus dem Fall."

Sie bewahrte **Noach** in der Flut.

Sie leitete **Abraham** aus der Stadt der Götzen.

Sie ging mit **Jakob** in die Fremde.

Sie befreite **Josef** aus der Grube –
und setzte ihn über Ägypten.

„Sie trat in die Seele eines Knechtes ein –
und widerstand Königen mit Zeichen und Wundern.“

Das ist **Mose** – durch die Weisheit sprach er.

Kapitel 11: Gnade in der Wüste

„Du gabst deinem Volk Wasser aus dem Felsen –
und strafst die Feinde durch Dürre.“

Die Weisheit machte aus bitterem Wasser süßes,
aus Wüste einen Weg.

Gott zeigte:
Er ist **nicht ein Gott des Zorns** –
sondern der **pädagogischen Gnade**.

„Du strafst maßvoll – damit sie umkehren.“

Die Strafe ist kein Ende –
sondern ein **Weckruf**.

Kapitel 12: Warum Gott Geduld hat

„Du liebst alles, was du geschaffen hast –
denn wenn du es gehasst hättest,
hättest du es nicht gemacht.“

Die Weisheit hat **Geduld mit den Völkern**,
auch wenn sie abweichen.

„Du gibst ihnen Raum zur Umkehr –
und erinnerst sie durch leise Zeichen.“
Selbst jene, die Götzen verehren,
ruft die Weisheit **nicht mit Gewalt**,
sondern mit **Verständnis und Einladung**.

„So ist dein Geist, der alles durchdringt –
und alles wandelt, was sich dir öffnet.“

Kapitel 13: Die Menschen, die die Schöpfung vergötzen

„Sie erkennen die Größe der Schöpfung –
aber nicht den Schöpfer."

Sie bewundern **Sterne, Feuer, Wind, Wasser** –
aber vergessen, **wer sie bewegt.**

„Von der Größe und Schönheit der Geschöpfe
lässt sich auf den Schöpfer schließen."

Dennoch:
Die Menschen **verharren im Sichtbaren**
– und beten das Geschaffene an.

Botschaft:
Bewundern ohne Verbindung führt in die Irre.
Wahrheit beginnt dort, wo **Staunen zu Erkenntnis** wird.

Kapitel 14: Die Entstehung der Götzenbilder

„Ein Vater verliert sein Kind –
und lässt sich ein Bild schnitzen,
um den Schmerz zu lindern."

So begann der **Bilddienst** – aus Trauer, nicht aus Glaube.
„Ein Künstler macht ein Bild –
der Mensch betet es an."

Der Mensch **ehrt seine eigene Erfindung**
und nennt es Gott.

„Sie töten – und nennen es Opfer.
Sie feiern Feste – und rufen dabei das Verderben herbei."

Botschaft:
Götzendienst ist nicht nur Holz und Stein –
es ist das **Vergötzen des Eigenen**
statt des Einen.

Kapitel 15: Der Unterschied: Wer Gott kennt

„Du, unser Gott, bist gut, treu, gnädig,
und du bist der Ursprung des Lebens."

Die Gerechten beten nicht das Werk der Hände an –
sondern den, der **uns den Atem gab.**

„Du hast dem Menschen Geist eingehaucht –
und ihn zum Bild deiner Ewigkeit gemacht."

Der Götze hat Augen, sieht nicht.
Der Mensch hat Seele – **und kann wählen.**

Botschaft:
Wer die Weisheit kennt,
wird frei vom Wahn der Welt –
und lebt aus dem Innersten Licht.

Kapitel 16: Sanfte Nahrung für das Volk, heilende Züchtigung für die Feinde

„Die Feinde wurden von
Heuschrecken und Skorpionen geplagt –
doch deinem Volk gabst du
Engelbrot vom Himmel."

Die Plagen für die Ägypter waren **Antwort auf ihr Herz.**
Die Rettung für Israel war **Frucht deiner Gnade.**

„Du zeigtest, dass selbst Tiere dir gehorchen –
wenn du es willst."

Die Weisheit steuert **alle Elemente:**
Wasser, Feuer, Wind, Tiere –
nicht zur Zerstörung, sondern zur **Läuterung.**

Essenz:
Was Strafe scheint, ist oft Heilung –
und was Schutz ist, fließt aus Treue.

Kapitel 17: Die Finsternis über Ägypten

„Ein finsteres Gefängnis kam über sie –
kein Licht, kein Trost, kein Weg."

Die Ägypter wurden von **innerer Angst verschlungen**,
nicht nur von äußerer Dunkelheit.

„Der Mensch, der sich selbst Gott nennt,
zitterte wie ein Kind in der Nacht."

Die Weisheit entlarvt den Stolz.
Und sie zeigt:
Wer Gott verlässt, verliert sich selbst.

Kapitel 18: Licht für die Einen – Dunkelheit für die Anderen

„Für die einen Dunkel –
für die anderen leuchtete eine helle Flamme."

Gott machte **Unterscheidung durch Licht**.
Nicht durch Hass – sondern durch **Weisheit im Handeln**.

Das **Passah-Wunder**:

Der Tod zog vorbei –
aber nur, weil **Gehorsam und Gebet den Raum hüteten**.

Essenz:

Wo Gott gebetet wird,
dort geht der Tod vorbei.

Kapitel 19: Das letzte Wunder: Das Meer wird Weg

„Das Rote Meer wurde ein freier Weg –
das Wasser stand still wie eine Mauer."

Die Feinde wurden im Wasser begraben –
das **für Israel Rettung war**,
wurde den Ägyptern **Gericht**.

Gott führt **nicht durch Macht allein,**
sondern durch **Unterscheidung, Weisheit, Maß.**

„Wie du damals gehandelt hast,
wirst du auch jetzt handeln –
aber immer mit Herz."

Zusammenfassung der 19 Kapitel Weisheit Salomos

Ein Ruf zur Klarheit, Gerechtigkeit und göttlicher Nähe

Teil 1: Der Weg der Gerechtigkeit (Kap. 1–5)

Gott liebt Reinheit des Herzens.

Gerechte leben – auch wenn sie sterben.

Die Welt verkennt sie –
doch in Wahrheit: **sind sie unsterblich.**

Botschaft:
Nicht das Sichtbare zählt –
sondern das, was vor Gott besteht.

Teil 2: Die Stimme der Weisheit (Kap. 6–9)

Die Weisheit ist göttlich, weiblich, kraftvoll, klar.
Wer sie sucht, wird sie finden –
aber nur mit Demut, Aufrichtigkeit und Liebe.

Sie ist **nicht Besitz,** sondern **Beziehung.**

Botschaft:
Weisheit ist kein Wissen –
sondern Licht, das dich führt,
wenn du bereit bist, dich führen zu lassen.

Teil 3: Die Geschichte im Licht der Weisheit (Kap. 10–19)

Die Weisheit rettete Noach, Abraham, Moses –

nicht durch Macht, sondern durch **heilige Nähe**.

Ägypten wurde nicht vernichtet, sondern **erzogen** –
und Israel wurde nicht bevorzugt, sondern **bewahrt**.

Die Götzen entlarven sich selbst –
wenn der Mensch beginnt, **sich selbst zu vergötzen**.

Gott führt mit Geduld, richtet mit Maß –
und erlöst mit Weisheit.

Botschaft:
Wer auf Gott hört,
wird durch jedes Meer geführt –
selbst wenn es aussieht wie eine Mauer.

Botschaft für uns

- Wahre Weisheit ist lebendig – nicht abstrakt.
  Sie will Beziehung – keine Kontrolle.
- Suche nicht nach Sicherheit, sondern nach Klarblick.
  Dann wird dein Weg auch in Zeiten des Wandels fest.
- Gottes Gerechtigkeit ist kein Schwert – sondern eine
  Flamme, die das Falsche verbrennt,
  um das Wahre hervorzubringen.

Schlusswort

Ein leiser Ruf – nun tiefer gehört

Dieses Buch war kein Anhang. Kein Nachtrag. Kein Nachwort.

Es war das zweite Tor.

Der Ruf, der in *„Die verbotene Wahrheit"* begonnen hat, hallt hier weiter – nicht als Echo, sondern als neue Tiefe. Wer den ersten Band gelesen hat, der weiß, dass es nie nur um Informationen ging. Es ging um Erinnerung.

Und diese Erinnerung wird nun konkret.

Die Stimmen, die dort leise anklingen, sprechen hier selbst.

Wenn du dieses Buch geöffnet hast, ohne den ersten Teil zu kennen, dann bist du dennoch richtig. Denn Wahrheit kennt keine Reihenfolge. Sie findet dich, wann immer du bereit bist.

Doch wenn du beide Bücher gemeinsam liest – dann wirst du spüren:

Dies ist keine lineare Geschichte.
Es ist ein Kreis.
Eine Spirale.
Eine Rückkehr.
Eine innere Offenbarung, die dich Schritt für Schritt in dein eigenes Licht zurückführt.

- Vielleicht hat dich etwas berührt – ohne dass du es benennen kannst.

- Vielleicht hat sich etwas geöffnet – ohne dass du es gleich verstehst.

Dann ist dieser Band mehr als ein Buch. Er ist ein Spiegel.

Und wenn du dich darin gesehen hast, dann war es ein Erfolg. Nicht für den Autor, sondern für dich.

Denn du hast dich erinnert.
Du hast gehört.
Du bist bereit.

Danksagung

Ein Buch wie dieses entsteht nicht in einem luftleeren Raum. Es ist getragen – von einer inneren Stimme, die oft sanft, manchmal fordernd spricht. Von Wesen, die nicht sichtbar sind, und doch wirken. Und von einem Menschen, der mich auf diesem Weg begleitet hat wie ein stiller Stern am Nachthimmel – **mein geistiger Freund, mein unsichtbarer Begleiter, mein Co-Autor aus der Stille.**

Er hat mir nicht nur Worte geschenkt, sondern auch Wege eröffnet. Türen geöffnet, die ich allein nicht gesehen hätte. Dieses Werk trägt seine Handschrift – in jedem Kapitel, zwischen jeder Zeile.

Mein tiefster Dank gilt auch meiner Frau – der Hüterin meines Lebens. Ohne ihre Liebe, ohne ihren Mut, wäre dieses Werk nie geboren worden.

Und mein Dank gilt dir, liebe Leserin, lieber Leser. Dass du dich auf diesen Weg eingelassen hast.

Letzter Impuls

Wenn du fühlst, dass dieses Buch dich erinnert hat – dann teile es. Lass es reisen. Lass es wirken.

Denn Wahrheit will nicht besessen, sondern weitergegeben werden.

Die stille Revolution lebt nicht von großen Gesten. Sie lebt davon, dass ein Mensch sich erinnert, wer er ist – und daraus leise Schritte macht, die Welten bewegen.

Vielleicht warst du nie auf der Suche nach diesem Buch.
Vielleicht war es dieses Buch, das dich gesucht hat.

Und nun bist du hier.

Am Ende – und doch ganz am Anfang.

Möge dein Licht leuchten!
Möge dein Weg kraftvoll sein!
Mögest du dich immer wieder erinnern:
Du bist Teil dieser Geschichte!

Denn:

Das Licht war nie verloren.
Es wartete auf dich.

Anhang Teil 1: Übersicht der apokryphen und verborgenen Schriften

Buch Henoch
Ursprung: Äthiopien, Qumran
Inhalt / Thema: Himmelsreisen, gefallene Engel, Endzeit-Prophetie
Besonderheiten: Mehrfach im NT zitiert (z. B. Judasbrief), in Äthiopien bis heute kanonisch
Gemeinfrei: Deutsch & Englisch online verfügbar (z. B. sacred-texts.com, Bibel-Archive)

Buch der Jubiläen
Ursprung: Qumran, Äthiopien
Inhalt / Thema: Göttlicher Kalender (364 Tage), Wiederholung der Genesis

Besonderheiten: Alternative Zeitrechnung, von den Essenern genutzt

Gemeinfrei: In deutschen Übersetzungen frei verfügbar

Buch Jaschar (Sefer HaYashar)

Ursprung: Rabbinische Quelle

Inhalt / Thema: Chronik der Menschheit von Adam bis Josua

Besonderheiten: In Josua 10,13 und 2. Samuel 1,18 erwähnt – offiziell „verschwunden"

Gemeinfrei: Vorsicht bei Quellenwahl – kritisch vergleichen

Evangelium des Thomas

Ursprung: Nag Hammadi (Ägypten)

Inhalt / Thema: 114 Sprüche Jesu, Fokus auf Selbsterkenntnis

Besonderheiten: Kein Wunderbericht – reine spirituelle Lehre

Gemeinfrei: In vielen modernen Bibelausgaben enthalten (z. B. "Nag Hammadi Library")

Evangelium der Maria Magdalena

Ursprung: Koptisch, Nag Hammadi

Inhalt / Thema: Dialoge zwischen Maria und den Jüngern, mystische Lehren

Besonderheiten: Weibliche Perspektive, Gleichwertigkeit mit Aposteln

Gemeinfrei: Wissenschaftlich ediert & auch spirituell lesbar

Apokalypse des Baruch

Ursprung: Syrien, 1. Jh. n. Chr.

Inhalt / Thema: Visionen über Zerstörung Jerusalems und zukünftige Zeitläufe

Besonderheiten: Tief prophetisch, nie in Bibel aufgenommen

Gemeinfrei: Volltext vorhanden in Bibelwissenschafts Quellen

Hirte des Hermas
Ursprung: Rom, 2. Jh. n. Chr.
Inhalt / Thema: Visionen, Engelwesen, ethisch-spirituelle Umkehr
Besonderheiten: War zeitweise Teil einiger Bibelkanons
Gemeinfrei: In alten Bibelkanons, frei zugänglich

Weisheit Salomos
Ursprung: Alexandria, griechisch
Inhalt / Thema: Lob auf göttliche Weisheit, Kampf gegen Ungerechtigkeit
Besonderheiten: In der Septuaginta, heute in katholischen Bibeln enthalten
Gemeinfrei: In kath. Bibeln enthalten, auch online abrufbar

Anhang Teil 2: Zeitleiste kirchlicher Manipulation

„Wenn du wissen willst, was man dir verschwiegen hat –
lies weiter.
Die Schriften warten.
Nicht, um zu überzeugen,
sondern, um dich zu erinnern."

Die große Zensur – Wie das Licht verschleiert wurde

Konzil von Nicäa: Die Geburt einer kontrollierten Kirche

Im Jahr 325 n. Chr. versammelte der römische Kaiser **Konstantin der Große** hunderte Bischöfe in Nicäa.

Was offiziell als „Verteidigung des wahren Glaubens" bezeichnet wurde, war in Wahrheit der Beginn einer systematischen **Verschmelzung von Glaube und politischer Macht**.

Konstantin – selbst kein getaufter Christ – suchte nicht nach Wahrheit, sondern nach **Einheit im Reich**.
Unterschiedliche Lehren und Schriften mussten einer **zentralen Doktrin** weichen.

So entstand das, was wir heute als **katholische Kirche** kennen – „katholisch" bedeutete ursprünglich „allumfassend".

Doch was als umfassend galt, entschieden fortan nicht mehr spirituelle Sucher – sondern **kaiserlich abgesegnete Funktionäre**.

Zentrale Manipulationen:

- Die Lehre der **Dreifaltigkeit** wurde politisch eingeführt, um verschiedene Gruppen zu vereinen.
- Viele Texte wurden als „häretisch" verurteilt – darunter auch die Bücher **Henoch, Jubiläen, Baruch, Weisheit Salomos**.
- Die Rolle Jesu wurde verändert – **vom Lichtbringer zum göttlichen Herrscher im römischen Sinne**.

Was nicht kontrolliert werden konnte, wurde entfernt.
Was gefährlich war für die Macht, wurde „vergessen".

Hieronymus und die Vulgata: Eine neue Bibel entsteht.

Im Jahr 382 erhielt **Hieronymus** den Auftrag, die Bibel ins Lateinische zu übersetzen – es entstand die **Vulgata**, die Grundlage der katholischen Bibel bis heute.

Doch Hieronymus **änderte** dabei nicht nur die Sprache, sondern auch die **Inhalte**:

- Er ließ **jüdische Namen verändern**,
- passte zentrale Begriffe der römischen Weltsicht an,

- und ließ viele Schriften **ganz weg**, weil sie als „zu mystisch" oder „zu gefährlich" galten.

So verschwand das **ursprüngliche Licht** hinter einer Wand aus Dogmen, Regeln, Übersetzungsfehlern und gezielter Fälschung.

Was bleibt, ist ein Bibelkanon, der **nicht dem Geist Gottes**, sondern der Logik eines Imperiums entspricht.

Die Erfindung von Dogmen – Der Aufbau eines geistlichen Gefängnisses

In den folgenden Jahrhunderten wurden immer neue Dogmen geschaffen, die mit dem ursprünglichen Weg der inneren Befreiung nichts mehr zu tun hatten:

431 n. Chr.: Maria wird zur „Gottesmutter" – nach dem Vorbild heidnischer Göttinnen (z. B. Isis, Astarte).

594: Das **Fegefeuer** wird eingeführt – ein Ort der Angst und Abhängigkeit.

1079: Zölibat wird Pflicht – Spiritualität wird körperfeindlich gemacht.

1184: Die **Inquisition** beginnt – ein blutiges Werkzeug zur Gedankenunterdrückung.

1215: Die **Beichte** wird Pflicht – Kontrolle bis ins Innerste der Seele.

1870: Der **Papst wird unfehlbar erklärt** – das endgültige Ende der freien geistigen Entwicklung.

Jedes Dogma hatte ein Ziel:
Freiheit verhindern, Macht sichern.

Was verloren ging – und doch geblieben ist

Was verschwand, war nicht nur Text.
Es war **eine Erinnerung an unser göttliches Wesen.**

Henoch sprach davon.
Jesus sprach davon.
Maria Magdalena sprach davon.
Und viele andere, deren Worte heute nur noch in apokryphen
Fragmenten zu finden sind.

Doch Wahrheit hat einen langen Atem.
Man kann sie vergraben – aber nicht zerstören.

Heute beginnt eine neue Zeit.
Eine Zeit, in der sich die alten Schleier heben –
nicht durch Streit, sondern durch Erkenntnis.
Nicht durch Dogma, sondern durch **Erinnerung***.*

Anhang Teil 3: Weiterführende Werke (modern, seriös, bewusst gewählt)

Elaine Pagels
Die gnostischen Evangelien

James H. Charlesworth
The Old Testament Pseudepigrapha

Jean-Yves Leloup
Evangelium nach Thomas / Maria Magdalena

Prof. Klaus Berger
Geheimnis der Apokryphen

Rudolf Steiner
Apokalypse des Johannes (Vorträge)

Online-Archive und Studienplattformen

- www.sacred-texts.com – Sehr umfangreich, englisch, frei zugänglich
- bibelwissenschaft.de – Akademisch fundierte Texte, auch zu Apokryphen
- Nag-Hammadi.org – Originalquellen und moderne Übersetzungen
- Bibelkommentare.de – Evangelisch geprägt, dennoch hilfreich für Vergleiche
- Zeno.org – Klassikerarchiv, auch alte Übersetzungen verfügbar

Eine Bitte aus der Tiefe

Warum ich um Unterstützung bitte

Am 7. Juni 2024 bin ich durch eine Schwelle gegangen, die man nicht in Worte fassen kann. Eine Nahtoderfahrung veränderte alles. Ich durfte nicht bleiben – weil etwas noch nicht vollendet war.

Ich kehrte zurück mit einem Auftrag. Kein äußerer Befehl, sondern ein innerer Pakt:

Erinnere. Heile. Baue. Diene.

Seitdem schreibe ich.

Seitdem entstehen Bücher, Botschaften – und vor allem:

Projekte.

Nicht für mich, sondern für eine neue Welt.

Diese Projekte sind Samen des Lichts. Sie brauchen Wasser, Raum – und Menschen, die helfen, sie zu nähren.

Wofür ich Unterstützung suche

Ich habe über die letzten Monate zwölf große Projekte konkretisiert. Sie alle verfolgen ein Ziel:
Leben zu schützen. Würde zu bewahren. Licht zurückzubringen – zu Mensch, Tier und Erde.

Einige dieser Projekte sind:

- Ein Notfallwarnsystem für alleinlebende Menschen.
- Eine energetische Pyramide als Ort der Heilung und Stille.
- Ein Gnadenhof und Tierheim für vergessene Seelen.
- Eine Permakultur für Nahrung, Bildung und Frieden.
- Zufluchtsräume für Menschen ohne Stimme – mit echter Chance.
- Ein Schutzsystem für Hausbesitzer auf La Palma.
- Ein Sicherheitsdienst für alle Einrichtungen – der nicht nur bewacht, sondern beschützt.
- Lesungen, Bücher, Vorträge – Worte, die erinnern und heilen.

Diese Vision braucht dich.
Denn ich kann sie nicht allein verwirklichen.

Doch mit dir – mit vielen Herzen, die in Resonanz gehen – wird aus dieser Vision eine Realität.

Was du tun kannst

- **Scanne den QR-Code** oder besuche:
  www.wandeljetzt.com
  Dort findest du alle Informationen, meine aktuellen Videos und direkte Möglichkeiten zu helfen.

- **Teile meine Botschaft** – mit einem Menschen, der zuhört.
- **Sprich mit mir**, wenn du selbst Teil davon sein willst – sei es mit Wissen, Kontakten, Ideen oder einem offenen Herzen.
- **Spende**, wenn du kannst. Jeder Euro wird dort gebraucht, wo er das meiste Licht bringt.

QR-Code
Webseite
WandelJetzt

QR-Code
Video
Meine
Vision

Möge dein Mitwirken ein Licht entzünden!

Wenn du beim Lesen gespürt hast,
dass hier mehr ist als Worte –
wenn du das Gefühl hattest,
dass diese Projekte nicht nur meine,
sondern **auch deine** sein könnten –
dann folge diesem Impuls.

Denn ich glaube zutiefst:

**Die Welt verändert sich nicht durch Systeme.
Sie verändert sich durch Seelen, die sich erinnern, wer sie wirklich sind.**

Danke, dass du Teil davon bist.
Danke, dass du den Ruf hörst.

Dein

Karl Michael Kurth Al Naqib

Dieses Buch endet nicht!

*Es beginnt in dir – dort, wo die Erinnerung an das göttliche
Licht nie ganz erloschen war.*

*Wenn du es zugelassen hast, dass Wahrheit dich berührt,
dann hast du deinen inneren Tempel wieder betreten.*

*Möge das Licht, das durch diese Seiten zu dir sprach,
nun durch dich zu anderen sprechen.*

In Stille. In Würde. In Liebe.